KB067294

# 사추덕四樞德과 신학적 덕德

## 완덕에 이르는 일곱 가지 덕

사추덕<sup>四樞德</sup>과 신학적 덕<sup>德</sup>
완덕에 이르는 일곱 가지 덕

2023년 10월 10일 처음 펴냄

지은이 | 김흥규
펴낸이 | 김영호
펴낸곳 | 도서출판 동연
등 록 | 제1-1383호(1992. 6. 12)
주 소 | 서울시 마포구 월드컵로 163-3
전 화 | (02)335-2630
전 송 | (02)335-2640
이메일 | yh4321@gmail.com
인스타그램 | /dongyeon_press

ISBN 978-89-6447-945-2 03040

•• 윤리 신학 에세이 ••

# 사추덕四樞德과 신학적 덕德

김흥규 지음

완덕에 이르는 일곱 가지 덕

동연

# 수기치인<sup>修己治人</sup>을 위한 윤리 신학 에세이

김홍규 목사의 『사추덕<sup>四樞德</sup>과 신학적 덕 — 완덕에 이르는 일곱 가지 덕』은 저자가 자임하듯 신학 에세이다. 에세이란 말은 우리의 지적 풍토에서 가벼운 글이란 함의 를 갖게 되었지만, 그것은 그 용어를 남용한 데서 오는 파생적 결과란 측면이 강하다. 18세기 영국 시인 알렉산 더 포프(Alexander Pope, 1688~1744)의 『인간론』(*An Essay on Man*)은 칸트가 높이 평가한 긴 사상시이다. 그 표제를 밑그림으로 한 에른스트 카시러(Ernst Cassirer, 1874~ 1945)의 『인간론』(*An Essay on Man*)은 그의 주저를 요약 한 것이라 평가되는데, 인간이란 무엇이며 문화란 무엇 인가를 기술한 당당한 철학서이다. 에세이의 위상이 이 와 같다면, 저자의 본의가 무엇이든 김홍규 목사의 책은 잘 쓴 본격적인 신학적 · 철학적 · 윤리학적 에세이다.

이 책의 특징은 그 명징한 문체에서 드러난다. 문체란 곧 사상인데, 투명하고 명징한 문체는 곧바로 저자의 명징한 사고에서 나온다. 이 명징성은 저자의 모국어에 대한 깊은 애정과 이해에 기초해 있다. 적정한 말이 제자리를 찾아 자리 잡고 있어 설득력이 크다. 또 구체적인 사례를 통해서 논리를 전개하고 있는 것도 미덕이다. 저자가 성서의 근면한 독자인 만큼 기독교 비유담(譚)의 영향이 크다고 생각된다. 요컨대 현학玄學과는 거리가 먼 사고 전개가 매력이다.

모든 것을 소급 추적하여 근원으로부터 시작하는 것도 이 책의 주요 미덕이다. 이 에세이의 본격적 자세가 거기에서 나온다. 가령 인위적으로 노력해서 얻는 '사추덕四樞德'과 하나님이 주시는 은총의 선물로서의 '신학적 덕'을 말하는 자리에서 플라톤이 거론한 지혜, 정의, 절제, 용기로부터 시작한다. 사추덕의 '추樞'가 경첩을 의미하는 라틴말이며, 그것은 요체 혹은 중심점의 뜻이 있다고 서술한다. 이렇게 '근원으로 돌아가'(*ad fontes*) 출발하는 것은 독자들로 하여금 근원으로부터 시작하겠다는 지향성을 갖게 한다. 그것은 고전으로 돌아가 사유하는 것을 뜻하기도 해서 현대인이 자칫 간과하거나 기피하는 심적 태도를 경고하기도 한다. 고전이야말로 인간의 영원한 고향이란 생각이 잠재해 있다.

훌륭한 아동 문학이 어른 독자들에게도 깊이 호소한다는 것은 경험자에게는 거의 자명한 사실로 수용된다. 사실상 고명한 아동 문학 작품은 어른에게도 꾸준히 읽힌다. 바꾸어 말하면 어른 독자를 얻지 못하는 아동 문학은 훌륭한 아동 문학이 되지 못한다는 말이 된다. 이 에세이는 신앙인을 주요 독자로 상정한 것 같은 인상을 주기 쉽다. 그러나 첫 의도가 그렇다 하더라도 신앙인만이 독자로 남아있으란 법은 없다. 기독교 신앙인이 아니라 하더라도 많은 독자에게 호소력을 발휘할 것이라는 확신을 갖게 하는 것은 이 에세이의 가장 중요한 덕목이요 매혹이다.

오늘의 우리 사회와 문화는 삭막하고 무절제하며 품격과 격조가 결여되어 있다고 느끼게 할 때가 많다. 단기간 내에 이룩한 고도성장의 그늘이요 음지라는 자기 위안으로 덮고 넘어갈 계제도 문제도 아닌 것 같다. 전통 사회에서 권면한 수기치인을 위해서도 이러한 철학 에세이가 많이 읽히기를 희망한다. 그리하여 우리 사회의 구성원들이 인간의 존엄에 부합하는 덕성 함양을 도모한다면 그만큼 우리 사회가 정화될 것이라는 희망을 갖는다. 사람은 빵만으로 살지 않기 때문이다.

유종호

(전 예술원 원장)

# 글 머 리 에

내가 '덕 이론'과 '덕성 윤리'에 관심을 기울이기 시작한 것은 미국에서 공부했을 때부터다. 언젠가 이 주제에 관한 책을 한 권 썼으면 소원했는데, 꿈을 이루게 되었다. 덕 이론과 덕성 윤리는 '성화聖化'와도 관계되기에 기독교 구원 신학에서 충분히 다룰 가치가 있다.

이 글은 어떤 장르에 속할까? 오랫동안 시리즈 설교로 내리 강단에서 선포한 설교 원고를 다듬었으니 설교문일까? 설교문을 손 보아 책으로 낸다고 하나, 엄격한 의미로서의 설교집은 아닌 것 같다. 그러면 학술 논문인가? 신학계 저널에 발표할 정도로 수준이 높아야 한다면, 이런 글로는 어림도 없을 것이다.

설교문도 아니고 학술 논문도 아니라면, 어떤 종류의 글일까? 얼핏 "신학 에세이"라는 생각이 떠오른다. 육성으로 회중에게 전한 설교 내용을 담은 데다가 꽤 많은 분량의 전문 서적을 읽은 뒤 거기에서 얻은 사상과 통찰을 응축했으니, 두 가지가 짬뽕이 된 형태의 잡문이 되었다. 통상적인 설교문보다는 내용이 어렵고, 신학 논문이라 기에는 수준이 모자라는 형태의 글이니 신학 에세이라는 말이 그런대로 이 책의 성격에 어울릴 것 같다.

기꺼이 추천의 글을 써주신 유종호(柳宗鎬, 1935~ ) 선생께 고개 숙여 감사한다. 선생은 필자의 25년 고교 선배인데, 하나님의 오묘한 섭리로 가까이 뵙게 되었다. 구순을 바라보는 연세에 비상한 기억력으로 동서 사상가 들을 꿰뚫을 때마다 경탄했고, 저절로 흠모의 정이 솟아 났다. 선생이야말로 사추덕(특히 지덕)을 두루 갖춘 우리 시대의 스승이라고 확신한다.

머리를 많이 쓰고 생각을 많이 해야 하는 "성품 설교" 를 들어주신 내리교회 교우들께 감사한다. 공부에 몰두 하는 남편에게 이런저런 핀잔을 자주 하는 아내에게도 미안하고 고맙다. 그동안 책을 낼 때마다 특유의 꼼꼼함 과 책임감으로 필자와 출판사 사이에 가교(架橋) 역할을 충실 히 해준 강재관 목사께 이번에는 꼭 고맙다는 말을 전하고

싶다. 도서출판 동연 김영호 사장과 편집진 여러분께도
감사를 전한다.


주후 2023년 7월 불볕 삼복더위에 인내의 미덕을 시험하며

丹村 金興圭

# 차 례

— 1부 —

# 덕德이란 무엇인가?

이와 같이 좋은 나무마다 아름다운 열매를 맺고 못된 나무가
나쁜 열매를 맺나니 좋은 나무가 나쁜 열매를 맺을 수 없고 못
된 나무가 아름다운 열매를 맺을 수 없느니라(마 7:17-18).

## 이력서용 덕목과 추도사용 덕목

데이비드 브룩스(David Brooks, 1961~ )는 『인간의 품격』(*The Road to Character*, 2015)에서 덕목 둘을 말한다. 이력서에 들어갈 덕목과 조문弔文에 들어갈 덕목이다. 전자는 일자리를 찾고자 자신의 능력을 이력서에 기록하는 덕목이다. 스펙(spec)이라는 말도 있듯이 성공해야 한다는 일념으로 최대한 화려하고 장황하게 자신의 장점을 보여준다. 장례식장에 찾아온 문상객에게 들려주는 추도사는 꾸밀 필요가 없다. 고인이 어떤 삶을 살았는지 그의 성품과 미덕에 얽힌 갖가지 "이야기"나 "일화"를 있는 그대로 들려주면 된다. 가정에서 어떤 남편과 아버지였는지, 가까운 친구들과 직장 동료들에게 어떤 인품을 가진 사람이었는지에 대한 기억이 중심이 된다. 추도사에서 정직, 친절, 용기, 겸손, 인내, 관용, 성실 등등 고인이 생전에 보여준 덕성과 관련된 이야기가 쏟아진다.

브룩스는 장례식장에서 조문객이 고인에 대한 평소의 기억과 추억을 소환해서 들려주는 추도사용 덕목이 더 중요하다고 말한다. 추도사에서 들려주는 일화야말로 고인이 성공했든 실패했든 부자였든 가난했든, 지위와 신분과 상관없이 고인의 생전 모습을 그대로 보여주기 때문이다. 물론 이력서에서도 학력이나 기술, 경험, 각종 자격증 취득뿐만 아니라, 어느 정도는 자신의 성품이나 성격을 말해야 한다. 그런데도 목적이 외적 성공을 거두는 데 있기에 자신의 실상을 있는 그대로 밝히기가 쉽지 않다. 그렇다면 우리가 죽은 뒤에 우리를 잘 아는 사람들이 우리를 어떻게 기억하고 평가할 것인가의 문제가 더 중요하다. 일평생 쌓아 올린 인격이 고스란히 드러나기 때문이다.

우리가 예수를 믿고 구원을 받은 뒤 "교회"라는 공동체 생활을 할 때 그리스도인다운 성품을 갈고 닦는 것보다 더 중요한 일은 없다. 이른바 '성화'(聖化/sanctification)가 중요하다. 예수를 믿어 값없이 주시는 하나님의 은혜로 죄를 용서받고 법률적으로 무죄방면이 되었다는 선언을 들었다고 할지라도, 그런 이신칭의(以信稱義/justification by faith)만으로는 충분하지 않다. 이신칭의는 머나먼 구원 순례길에서 첫발을 내디딘 것일 뿐, 진짜 그리스도인(real Christian)이 되는 과정은 성화에서 결정된다. 그러기에 본회퍼(Dietrich Bonhoeffer, 1906~1945)가 말한 그대로 이신칭의는 '전제'가 아니라 '결과'가 되어야 한다. 구원은 어떤 노력도 해보지 않고 날것으로 먹으려는 '값싼 은혜'가 아니다. 성화 노력을 총동원해 본 결과, 자신의 무기력성을 절감한 끝에 나온 '값비싼 은혜'가 되어야 한다. 따라서 예수를 잘 믿어야 하겠지만, 날마다 그리스도를 잘 닮아가는 과정도 그 못지않게 중요하다. 점진적 성화 과정이야말로 세인들이 말하는 인격 수련과 도덕 수양의 멀고 험한 여정이다.

# 나무라는 성품에서 열리는 덕의 열매들

성품(character)은 인격을 말한다. 인격은 너무 광범위하고 추상적인 용어이기에 '사람됨' 혹은 '속사람'을 의미하는 성품을 골라 쓴다. 성품(인품)은 성격(personality)과 다르다. 성품이 "착하다", "정직하다", "친절하다", "용감하다" 등등의 인격에 깊이 내장된 인성人性, 즉 어떤 도덕 특질을 말한다면, 성격은 "내향적이다", "외향적이다", "소극적이다", "적극적이다", "은둔적이다", "사교적이다" 등등 주로 타인이 우리에게 느끼는 인상과 관련된다. 성품과 성격은 어느 정도 겹치는 지점이 있다. 내향적인 사람이 좀 더 신중할 수 있고, 외향적인 사람이 좀 더 친절할 수 있다. 그러나 중요한 차이점은 성품이 성격과 달리 겉으로 드러난 것만으로 다 재단할 수 없는 인격과 삶 전체에 깊숙이 배어 있는 모든 도덕성, 즉 인간성을 말한다는 사실에 있다.

성품을 쉽게 이해하기 위해서 "나무와 열매의 비유"를 생각하면 좋겠다. 예수님은 마태복음 7:15-20에서

"나무와 열매 비유"를 들려주신다. 이 비유는 거짓 선지자 감별법과 관련이 있다. 교회와 교인들에게 해악을 끼치는 거짓 선지자를 분별해내는 방법은 어렵다. 양의 탈을 쓴 이리이기에 겉모습만으로는 알아낼 재간이 없다. 그러기에 예수님은 외양이 아닌 실상을 따져볼 것을 주문하시는데, 실상을 알려면 열매를 주목해야 한다.

> 그들의 열매로 그들을 알지니 가시나무에서 포도를, 또는 엉겅퀴에서 무화과를 따겠느냐 이와 같이 좋은 나무마다 아름다운 열매를 맺고 못된 나무가 나쁜 열매를 맺나니 좋은 나무가 나쁜 열매를 맺을 수 없고 못된 나무가 아름다운 열매를 맺을 수 없느니라(마 7:16-18).

열매를 보면 '나무의 종류'와 '나무의 질'을 안다. 포도 열매를 맺는 나무는 포도나무다. 무화과 열매는 무화과나무에서 열린다. 포도 열매가 무화과나무에서 나올 리 만무하고, 무화과 열매가 포도나무에서 나올 리 만무하다. 열매는 나무의 질도 입증한다. 열매가 좋은 것은 나무가 좋은 까닭이다. 열매가 부실한 것은 나무가 부실하기 때문이다. 좋은 나무가 좋은 열매를 맺는다(善木善實). 나쁜 나무가 나쁜 열매를 맺는다(惡木惡實). 거짓 선지자를 식별하는 방법은 그가 만들어내는 행위의 결과를 조사하면 된다. 존재(being)에서 행위(doing)가 흘러나온다. 나무가 성품(인격)이라면, 열매는 성품이 빚어내는 미덕(virtue)이다. 좋은 성품을 가진 이는 이에 상응하는 열매를 충실하고 풍성하게 맺는다.

> 오직 성령의 열매는 사랑과 희락과 화평과 오래 참음과
> 자비와 양선과 충성과 온유와 절제니 이같은 것을 금지할
> 법이 없느니라(갈 5:22-23).

좋은 성품이 좋은 나무이고, 성품이라는 나무에서 열리는 열매가 미덕이라고 한다면, 미덕의 열매를 잘 맺으려면 먼저 좋은 나무가 되어야 한다. 좋은 성품이라는 나무가 되려면 치열한 성찰과 연마가 필요한데, "어떤 종류의 사람이 될 것인가"의 문제가 중요하다.

## 윤리학의 접근법 셋: 규칙, 목표, 덕성

기독교 윤리학에는 세 가지 접근법이 있다. 의무론적 윤리(deontological ethics)는 인간으로서 마땅히 해야 할 의무와 규칙, 원칙 등을 강조한다. 일찍이 임마누엘 칸트 (Immanuel Kant, 1724~1804)는 『실천이성 비판』에서 "어느 시간 어떤 장소에서도 인간을 **수단**으로 사용하지 말고 **목적**으로 존중하라"고 가르친다. '정언定言명령'(kategorischer Imperativ)이다. 어느 시간 어느 장소, 어떤 결과와 상관없이 항상 올바른 원칙이고 의무이기에 인간이면 누구나 절대적으로 지켜야 할 '단언斷言 명령'이다.

생명 존중이 시공간을 초월해 인간이면 다 지켜야 할 올바른 대원칙이라고 한다면, 자살이나 안락사, 낙태, 사형제 존치 등등은 윤리적으로 용납하기 어렵다.

이와 반대로 목적론적 윤리(teleological ethics)가 있다. 어떤 행위를 선택해 실행으로 옮길 때 행위의 '결과'를 중시하기에 결과론적 윤리(consequentialist ethics)라고 부른다. 의무 윤리가 옳음(rightness)에 치중한다면, 목적 윤리 혹은 결과 윤리는 행위가 가져올 결과의 '좋음'(good-ness)에 주목한다. 목적 윤리의 대표 격인 공리주의(功利主義/utilitarianism)는 행위의 결과가 "최대 다수의 최대 행복"(the greatest happiness of the greatest number)을 가져온다면, 그 행위는 윤리적으로 정당화될 수 있다고 본다.

목적 윤리를 실제 사례에 적용한다면, 현대 의학으로 도저히 고칠 수 없는 불치병에 시달리는 환자가 고통을 견딜 수 없는 극한 지경에 이르러 생명 보조 장치의 도움을 받아 간신히 연명하고 있을 때 환자나 직계 가족이 원한다면 안락사를 허용할 수 있다고 본다. 안락사가 환자의 극심한 고통을 끝낼 수 있고 그를 지켜보는 가족들의 고통도 경감시키는 데다가 눈덩이처럼 불어나는 의료 경비도 줄일 수 있다면, 환자 본인이나 직계 가족이 원하는 한 안락사를 용인할 수 있다고 본다.

행위의 목적이나 결과가 "누이 좋고 매부 좋고", "도랑 치고 가재 잡듯이" 당사자나 주변 사람들에게 최대량의 유익(utility)을 가져온다고 판단될 때 낙태나 안락사나 사형 존치 등이 윤리적으로 정당화될 수 있다는 것이 목적론적 윤리의 입장이다.

의무 윤리가 '좋음'의 기준에만 따라 '옳음'을 희생시키지 않고 법과 규칙을 지켜서 사회 안정을 가져올 수 있다는 점에서 필요하고, 목적(결과) 윤리에는 특수한 시대와 상황의 요구에 걸맞게 융통성을 갖고 대응할 수 있다는 장점이 있다. 의무 윤리와 목적 윤리는 명분名分과 실리實利의 해묵은 대결이라고 할 수 있다. 민감하고 특수한 상황을 무시하고 명분(옳음)만 강조할 때 현실에 신축성 있게 대처할 수 없고, 상황에 따른 실리나 효율성(좋음)만 계산해서 행위의 결과가 가져올 손익만 따질 때 시장 논리 중심의 실용주의, 상업주의 등등의 상황윤리로 빠지는 폐단이 있다.

두 가지 윤리 입장을 넘어서는 세 번째 대안이 있는데, '덕성론적 윤리'(arteological ethics)다. 의무 윤리가 규칙(rule)을, 목적 윤리가 목표(goal)를 중시한다면, '덕 윤리'는 행위자의 성품(character/virtues)을 중시한다. 어떤 행위를 선택해서 실행에 옮기는 사람이 덕스러운 사람이 된다면, 그가 처한 개별 상황에 가장 적절하고 책임적인 행위를 할 수 있다는 것이다. 좋은 나무에서 좋은 열매가 열리듯이, 좋은 사람이 되면 그 좋은 인품에서 좋은 덕이 저절로 나온다는 것이다.

한 여성이 야심한 밤에 귀가하다가 괴한을 만나 성폭행을 당했다고 가정해보자. 이 일로 원치 않는 임신을 했을 때 낙태 문제에 의무론자는 반대할 것이고, 목적론자는 임신한 여성이나 가족들에게 좋은 결과를 가져온다면 가능하다고 생각할 것이다. 그러나 이런 도덕적 딜레마(moral quandary)는 두 접근법만으로는 책임적 결정을 내릴 수 없다. 도덕적 곤경에 처한 당사자가 훌륭한 성품을 갖춘 여성이라고 한다면, 주변 사람들과 상의해서 가장 현명하고 책임적인 선택에 도달할 수 있다는 것이 '덕 윤리'의 주장이다. 행위의 동기(의무론)나 행위의 결과(목적론)가 다 중요하지만, 행위자의 인품이나 덕성이 훨씬 더 중요하다는 이론이다. 그러므로 덕성 윤리는 "어떤 동기(의무론)로 어떤 결과(목적론)를 예측하며 어떤 행동을 해야 하는가?"의 물음보다 "어떤 종류의 사람이 되어야만 하는가?"를 훨씬 더 중요하게 생각한다.

## 아레테와 프로네시스

서양 철학에서 덕성 윤리는 멀리 아리스토텔레스 (Aristotle, BC 384~322)까지 소급한다. 아리스토텔레스 는 『니코마코스 윤리학』(Nichomachean Ethics)에서 행복 은 인간다운 성품을 개발하고 구현할 때 가능한데, 이 성품 형성에 '덕'이 필수적이라고 주장한다. 덕(virtue/ Tugend)은 그리스어로 '아레테'(ἀρετή)인데, '모든 종류의 인간적 탁월성'(any kind of human excellence)을 말한다. 피아니스트가 피아노를 잘 치고 테니스 선수가 테니스에 탁월성을 보일 때, 각각 연주자와 선수로서의 아레테가 있다.

한 사람의 성품으로서의 아레테(미덕)는 정비공이 자 동차를 잘 고치는 탁월성이나 외과 의사가 수술을 잘하는 탁월성과 같은 '기능적이고 기술적인 탁월성'과는 차원 이 다르다. 윤리적 미덕으로서의 탁월성은 어떤 행동을 하기 전에 그 행동의 동기와 결과가 선하고 옳은지를 (good and right)를 따져보는 도덕적 숙고를 요구하기 때문

이다. 용기는 사추덕(四樞德/Four Cardinal Virtues)에 들어
갈 만큼 중요하다. 중요한 것은 어떤 일에 용감하게 뛰어
들 때 그 행동의 동기와 결과가 선하고 올바른지를 숙고해
야 한다는 사실에 있다. 도둑이 도둑질할 때 제아무리
용감하게 행동해도 용기라는 미덕을 가졌다고 말할 수
없다. 도둑질이 윤리적으로 옳지 않기 때문이다.

지난번 이태원 참사에서 한 경찰관이 현장에 출동해
목숨을 걸고 수많은 인파를 안전지대로 대피시켜 화제를
모았다. 미군 3명이 인파를 뚫고 들어가 무 뽑듯이 30명
정도를 구조해서 역시 미담거리가 되었다. 용기 있는
영웅들이다. 자신의 안위를 고려하지 않고 위태로운 상
황에 뛰어들어 수많은 인명을 구했기 때문이다. 그러나
때때로 지나친 용기, 즉 '만용'이 자신뿐만 아니라 주변
사람들에게 해악을 끼칠 때가 있다. 그러기에 '무모함'이
용기와 다르다는 것을 분별하는 지혜가 필요하다. 전쟁
을 수행하는 군인의 용기와 평화 협정에 참여하는 외교관
의 용기가 다를 수밖에 없다는 사실을 분별하는 데에도
지혜가 필요하다.

이처럼 어떤 행동을 하기 전에 그 '행동의 선악과 시비'를 먼저 판단하는 지혜가 필요하다. 보편적인 아레테(덕성)를 갖추었다고 해도 어떤 상황에서나 그것을 잘 응용한다는 보장은 없다. 화살로 과녁 한가운데를 겨냥하는 것과 실제로 활을 당겨 과녁을 맞히는 것이 다르듯이, 개별 상황에 미덕을 알맞게 실천하기 위해서는 예리한 분별력이 필요하다. 의사가 환자를 치료할 때 환자의 특수성에 맞게 의술을 적용하듯이, 상황에 맞게 덕을 실천하기 위해서는 지혜와 경험이 필요하다. 각각의 특수 상황에 직면해 사리를 따져보는 분별력을 아리스토텔레스는 '프로네시스'(φρόνησις/phronesis), 즉 '실천 지혜'(practical wisdom) 혹은 '실천 이성'(practical reason)이라 부른다. 어떤 덕목을 실천하기 전에 옳고 그름을 따져볼 뿐 아니라, 어떻게 하면 가장 적절하게 적용할 수 있는가를 숙고하는 것도 프로네시스다. 이성적 도덕 추론으로서의 이런 지혜는 어린아이가 더하기 빼기를 잘해서 수학 이론에 능통한 것과는 다른, 현장에서 경험으로 얻는 지혜이기에 실천 지혜다.

## 덕 = 과잉과 결핍을 넘어선 중간치 + 제2의 천성(습성)

서양 철학에서 말하는 덕은 넘치지도 않고 모자라지도 않는 중간치(mid-point)다. 과잉(excess)과 결핍(defect) 양극단 사이의 중용의 길(middle path)이다. "좌로나 우로나 치우치지 않는 것"(신 5:32; 수 23:6)이다. 용기가 모자라면 비겁이 되고, 지나치면 만용이 되기에 특수한 상황의 요구에 알맞게 부응할 때 용기가 발현된다. 겸손도 모자라면 교만이 되고, 지나치면 비굴함이 되기에 자신을 정확히 알아서 상황에 맞게 처신할 때 겸손할 수 있다.

덕은 제2의 천성으로서 인격의 일부로 자리잡아야 한다. 아리스토텔레스가 "제비 한 마리가 봄을 불러오는 것은 아니다"라고 말한 것처럼, 미덕은 하루아침에 급조되는 것이 아니다. 어제까지 정직하지 않았는데, 오늘 갑자기 정직해질 수 없다. 어려서부터 정직한 행동을 습관적으로 반복하다 보니 어느새 인격 특질이 되어, 정직할 기회와 상황이 되면 자기도 모르게 정직이라는 미덕이 자연스럽게 나올 수밖에 없게 된다. 어제까지

불친절하다가 오늘 갑자기 친절해진다면, 그것은 미덕이 아니라 변덕이다. 어려서부터 친절한 행동을 반복하다 보니 어느새 성품의 일부로 고착되어 친절을 보여야 할 기회가 오면 저절로 친절해진다. 힘 있는 사람 앞에서 비굴할 정도로 겸손을 떨다가 아랫사람에게는 돌변해 고압적으로 갑질을 한다면 겸손의 덕이 없는 것이다.

덕은 연주자나 운동선수가 피눈물 나는 반복 훈련을 통해 아레테(탁월성)에 이르는 것처럼 하나의 습성으로서 우리 안에 자리잡은 인격 특질이다. 어려서부터 꾸준히 되풀이되어야 할 습성(habitus)이요, 성향(hexis)이다. 인격 일부로서 고착되어야 할 미덕은 생각 없이 손톱을 물어뜯는 습관과는 차원이 다르다. 빼어난 바이올리니스트가 무수한 반복 연습을 거듭한 끝에 악보 없이 즉흥 연주를 해내는 종류의 습성이 생각 없이 건성으로 손톱을 물어뜯는 종류의 습성과는 차원이 다르듯이, 윤리 행위로서의 덕은 자신의 행위가 언제나 선하고 옳다는 확신(프로네시스) 때문에 반복해서 습성화된 인격성이다.

다양한 덕이 하나의 인격체로서의 온전한 성품을 이

루기 위해서는 덕과 덕 간에 조화와 일치가 필요하다. 개인에 따라 용기는 있는데 분별력이 없다든지, 정직한 데 인내심은 모자랄 수 있다. 따라서 다양한 덕이 인격에서 조화와 일치를 이루도록 조정하고 균형을 잡아 통합하는 일도 중요하다.

이제 성품과 덕에 대한 이런 사전 이해를 염두에 두고 인위적으로 노력해서 얻는 '사추덕'과 하나님이 주시는 은총의 선물로서의 '신학적 덕'을 차례로 살펴본다.

— 2부 —

# 사
# 추
# 덕
四
樞
德

누가 현숙한 여인을 찾아 얻겠느냐 그의 값은 진주보다 더 하니라 그런 자의 남편의 마음은 그를 믿나니 산업이 핍절하지 아니하겠으며 그런 자는 살아 있는 동안에 그의 남편에게 선을 행하고 악을 행하지 아니하느니라 … 입을 열어 지혜를 베풀며 그의 혀로 인애의 법을 말하며 자기의 집안일을 보살피고 게을리 얻은 양식을 먹지 아니하나니 그의 자식들은 일어나 감사하며 그의 남편은 칭찬하기를 덕행 있는 여자가 많으나 그대는 모든 여자보다 뛰어나다 하느니라 고운 것도 거짓되고 아름다운 것도 헛되나 오직 여호와를 경외하는 여자는 칭찬을 받을 것이라 그 손의 열매가 그에게로 돌아갈 것이요 그 행한 일로 말미암아 성문에서 칭찬을 받으리라(잠 31:10-31).

# 1장

# 지덕智德

지혜를 얻은 자와 명철을 얻은 자는 복이 있나니 이는 지혜를 얻는 것이 은을 얻는 것보다 낫고 그 이익이 정금보다 나음이 니라 지혜는 진주보다 귀하니 네가 사모하는 모든 것으로도 이에 비교할 수 없도다 그의 오른손에는 장수가 있고 그의 왼 손에는 부귀가 있나니 그 길은 즐거운 길이요 그의 지름길은 다 평강이니라 지혜는 그 얻은 자에게 생명 나무라 지혜를 가 진 자는 복되도다(잠 3:13-18).

## 경첩 구실을 하는 사추덕

그리스-로마 시대부터 내려온 전통 미덕이 있다. 플라톤(Plato, BC 428~348)은 『국가』(*The Republic*)에서 인간이면 누구나 다 지켜야 할 기본 덕목 넷을 꼽았다. 지혜(prudentia/sapientia), 정의(justitia), 절제(temperantia) 그리고 용기(fortitud)다. 이것을 사추덕으로 부른다. 영어로는 "Four Cardinal Virtues"인데, 'cardinal'의 라틴어 'cardo'는 'hinge', 즉 '경첩輕捷'을 의미한다. 경첩은 여닫이문을 달 때 한쪽은 문틀에, 다른 한쪽은 문짝에 고정해 문을 열고 닫을 때 쓰는 철물이다. 경첩 없이는 문을 열거나 닫을 수 없기에 경첩은 문짝에서 중심 역할을 한다. 'hinge'에는 '요체要諦' 혹은 '중심점'이라는 의미가 있다. 지혜와 정의와 절제와 용기는 인간의 모든 덕행 가운데 경첩 역할을 하는 중심 덕들이다. 네 덕에서 다른 모든 덕이 파생하기에 '뿌리 덕'이요, 수많은 새끼 덕을 낳기에 '어미 덕'이다. 경첩 없이 문을 여닫을 수 없듯이, 사추덕이 없는 상태에서 다른 덕이 나올 수 없다.

토마스 아퀴나스(Thomas Aquinas, 1225~1274)는 『신학 대전』(*Summa Theologica/ Summa Theologiae*)에서 사추덕을 다룰 때 지혜(智德) → 정의(義德) → 용기(勇德) → 절제(節德) 순으로 진행하는데, 현대 신학자들은 대개 절제에서 시작해서 다른 덕은 비교적 자유로운 순서로 다루는 것 같다. 우리는 지덕, 의덕, 절덕, 용덕 순으로 진행한다.

## 덕 중의 덕 지덕

사추덕에서 지혜는 덕 중의 덕(the virtue of virtues), 최고의 덕으로 추앙된다. 지덕이 덕스러운 행동을 선택하고 결정하는 데 이성적 근거를 제공하기 때문이다. 프로네시스, 즉 실천 지혜 혹은 실천 이성이 지덕이다. 지덕은 라틴어로 'prudentia'인데, 영어로 'prudence'(신중)로 번역한다. 이것을 '현명' 혹은 '분별력'으로도 번역한다. 신중, 현명, 분별력 등등 어떤 형태의 지적인 덕으로 표현한다고 할지라도 모두 지혜(sapientia)라는 큰 범주에 속하기에 여기에서는 지혜(wisdom)로 혹은 지덕으로 통일한다.

덕은 어려서부터 어떤 일이 선하고 올바르다는 가치 판단과 도덕적 추론(moral reasoning)에 따라서 덕스러운 행동을 반복해서 습성화하다 보면 인격의 일부분, 곧 자연스러운 성품이 되는 것이다. 행동하기 전에 어떤 일이 선하고 옳은가를 따져보기 위해서는 숙고가 필요하다. 선하고 옳은 일이기에 뛰어든다는 행동 동기에 대한 숙고뿐만 아니라, 그 행동이 나와 주변 사람들, 공동체 전체에 어떤 유익한 결과를 가져올 것인지에 대한 예지력도 필요한데, 지덕에 속하는 자질이다.

덕이 과잉도 결핍도 아닌 한가운데 꼭 알맞은 것을 선택해서 실행에 옮기는 것이라고 한다면, 애초부터 이런 중용의 미덕을 적용할 수 없는 악덕 행위가 있다. 도둑이 도둑질을 할 때 아무리 꾀를 짜내고 적당한 시간과 적당한 장소를 골라 적당하게 도둑질했다고 하더라도 덕을 행한다고 칭찬할 수 없다. 도둑질 자체가 불의한 일이기 때문이다. 간음이나 살인에도 중용의 미덕을 논할 수 없는 이유는 양심과 자연법, 율법 등등의 제譜윤리 규칙이 정도正道가 아니라고 못 박기 때문이다. 그렇다면 지덕은 미덕(virtue)과 악덕(vice)을 미리 따져보고, 한 행위의 동기와 결과를 판단하고 예측하는 일체의 정신 활동을 말한다.

영화나 문학 작품에서 지혜로운 현자는 대개 수염을 길게 늘어뜨린 노인의 모습으로 묘사된다. 지혜가 경험과 연륜에서 비롯되는 덕이기 때문이다. 지혜는 학교에서 배우는 학문 지식과는 다르다. 어린 소년이 영특해서 수학이나 과학에 탁월한 재능을 보인다고 하더라도 지혜롭다고 말할 수 없다. 실생활에서 일어나는 까다로운 문제를 슬기롭게 해결해본 경험이 부족하기 때문이다. 초등학교 근처도 못 가 본 할머니가 지혜가 있다는 사실은 실생활에서 풍부한 경험과 연륜을 쌓아 덕스러운 삶을 살았기 때문이다. 그러기에 지덕을 습득하기 위해서는 상당한 시간이 필요하고 실생활에서의 다양한 경험이 필수적이다.

지혜는 학문 지식과 다를 뿐 아니라, 꼭 머리가 좋은

사람이 지혜롭다고도 할 수 없다. 지난 역사를 되돌아보면 IQ 높은 사람이 두뇌를 악용해서 사회에 해악을 끼친 적이 한두 번이 아니다. 독일 나치 시대에 천재성을 자랑하던 의학자들과 과학자들이 포로수용소에서 포로들에게 생체 실험을 한 적이 있다. 인간이 혹한의 한겨울에 어느 정도까지 버틸 수 있는가를 알아내고자 사람을 큰 물통에 집어넣어 얼어 죽어가는 모습을 관찰하고 실험했다. 이런 실험이 과학이나 의학에 큰 유익을 가져왔다고 할지라도 윤리적으로 정당화되기 어렵다.

## 지혜는 많을수록 좋다

지혜는 살면서 부대끼는 까다로운 문제를 깊이 숙고한 끝에 과잉과 결핍의 양극단을 피해서 중용(golden mean)의 길을 찾아내는 변별력(discernment)이다. 다른 모든 덕과 달리 지혜라는 제1덕에는 중용이 적용되지 않는다. "적당하게 지혜롭다"라는 말이 통하지 않는다.

누구도 지나치게 지혜롭다고 말할 수 없다. 지혜로우면 지혜로울수록 변화무쌍하고 복잡한 상황에 잘 대처할 수 있다. 언제 어떤 행동을 해야지만 용기 있고, 정의롭고, 절제하는 것인지를 일러주는 출발점이 지혜이기에 지혜에는 지나침이 없다는 특징이 있다. 이런 의미에서 다른 덕도 그렇지만 특히 지혜는 단기간에 걸쳐서 습득하기가 가장 어려운 덕이다. 장기간에 걸쳐서 수많은 시행착오試行錯誤를 거듭하면서 슬기로운 사람들의 조언을 경청하는 가운데 경험으로 서서히 체득되는 덕이기 때문이다.

지혜라는 심사숙고의 덕이 왜 그토록 중요한지에 대해서 두 가지 사례를 들어서 알아본다. 덕 윤리와 관련된 어떤 책에서 흥미로운 사례(case) 둘을 발견했는데, 조금 각색해서 소개한다.*

---

\* 장동익,『덕 이론: 그 응용 윤리적 전망』(서울: 도서출판 씨아이알, 2019), 29-30.

| 사례 1 | ① 한 암살자가 두루 존경받는 종교 지도자의 암살을 시도했다. |
| | ② 조준이 잘못되어 총알이 빗나가 바위를 맞추어서 암살에 실패했다. |
| | ③ 암살자가 쏜 총알에 맞은 바위에서 대량의 기름이 쏟아져 나왔다. |
| | ④ 엄청난 유전 지대가 발견되어 그 동네 사람들은 벼락부자들이 되었다. |
| 사례 2 | ① 신심 깊고 훌륭한 인품의 의사가 원주민들에게 복음을 전하고 환자들을 치료하고자 아프리카 밀림에 들어갔다. |
| | ② 의사는 원주민들에게 알려지지 않았고 면역력도 없는 바이러스 독감에 자기도 모르고 걸린 상태로 마을에 들어갔다. |
| | ③ 바이러스 독감에 감염된 원주민들 가운데 상당수가 목숨을 잃었다. |

첫 번째 사례는 "행동 동기는 옳지 못했지만, 행동 결과가 유익을 가져온 경우"다. 두 번째는 "동기는 옳고 선량했지만, 결과가 큰 고통을 초래한 경우"다. 두 사례에 '의무 윤리'(규칙 윤리)와 '목적 윤리'(결과 윤리)를 적용하면, 대충 다음과 같은 윤리 판단(법률 판단이 아님)이 나올 것이다.

| | |
|---|---|
| 사례 1 | ① 의무 윤리를 적용할 경우, 암살자의 시도가 실패하고 그 우발적 결과로 유전이 터져 지역 주민들을 이롭게 했다고 할지라도 존경받는 사람의 생명을 살해하려고 했기 때문에 윤리적으로 옳지 못하다.<br>② 목적 윤리를 적용할 경우, 암살 시도 그 자체는 잘못되었지만 실제로는 미수에 그쳐 사람이 죽은 것도 아니고, 살해 시도가 전혀 뜻밖에 지역과 주민 전체에 유익을 가져왔으므로 윤리적으로(법적으로가 아니고) 어느 정도는 용인될 여지가 있다. |
| 사례 2 | ① 의무 윤리를 적용할 경우, 의사가 신심과 박애 정신으로 아프리카 밀림 지역에 들어갔기에 의도치 않은 불행의 결과와 상관없이 윤리적으로 선하다.<br>② 목적 윤리를 적용할 경우, 의사의 행위 동기가 선했다고 할지라도 결과가 원치 않는 불행을 초래했기에 결과와 동기를 비교 계측比較計測해서 윤리적으로 재고再考할 필요가 있다. |

자본주의에 젖어 있는 현대인들이 첫 번째 사례를 윤리적으로 평가한다면, 아무래도 의무 윤리보다 목적 윤리의 잣대를 더 들이대서, 행동 결과가 최대 다수의 최대 행복을 가져왔기에 암살 시도를 어느 정도 윤리적으

로 용인하려고 할 것이다. 두 번째 사례의 경우, 목적
윤리보다는 의무 윤리(규칙 윤리)를 더 선호해서 행동 결과
가 원치 않는 불행을 초래했다고 할지라도 동기가 선하고
옳았기에 윤리적으로 선하다고 평가할 것이다. 그러나
'덕성 윤리'(성품 윤리)로 두 사례를 평가한다면, 사람의
목숨을 빼앗으려는 암살자와 자기희생을 감수하고 가난
하고 헐벗은 원주민을 섬기려는 자선가, 둘 중에 누가
더 훌륭한 인품과 미덕을 가졌는가를 따져볼 것이다.
어떤 윤리 해석과 평가를 해서 어떤 윤리 판단에 도달한다
고 할지라도, 두 사례를 올바르게 평가하기 위해서는
'지덕'이 필수적이다.

### 지혜 = 경건성 + 윤리성

　도덕적 변별력으로서의 지혜가 일상생활 전반에 긴
요하다면, 지혜의 본질은 무엇일까? "지혜의 장"으로 일
컫는 욥기 28:28은 지혜를 다음과 같이 요약한다.

주를 경외함이 지혜요 악을 떠남이 명철이니라.

수직적으로 하나님을 경외하는 '종교성'과 수평적으로 악을 멀리하는 '윤리성'이 지혜의 요체라는 것이다. 존 웨슬리(John Wesley, 1703∼1791)의 표현대로 한다면, 위로 하나님을 경외하는 '경건성'(piety)과 아래로 이웃에게 베푸는 '자비'(mercy)가 지혜의 본질이다. 지혜에 대한 욥기의 이런 정의는 욥을 "하나님을 경외하며 악을 멀리한 사람"으로 소개하는 것과 일치한다(욥 1:1). 야고보서 1:5는 지혜의 근원이시며 지혜 그 자체이신 하나님께 지혜를 힘써 구하라고 권고한다.

너희 중에 누구든지 지혜가 부족하거든 모든 사람에게 후히 주시고 꾸짖지 아니하시는 하나님께 구하라 그리하면 주시리라.

## 들락날락하는 지혜

성경에서 지혜롭게 처신한 대표적 인물은 요셉과 느헤미야다.

요셉이 어려서부터 지덕이 있었던 것은 아니다. 형들의 비행을 아버지 야곱에게 일러바쳤다(창 37:2). 가뜩이나 아버지의 사랑을 독차지하는 자신에게 시기심을 품은 형들에게 요셉이 꿈을 있는 그대로 자랑한 것도 사려깊은 행동이 아니다. 꿈이 진실이라고 해도 꿈 이야기를 으쓱거리며 자랑하는 '말투'부터가 불에다 기름을 붓듯이 형들의 증오심을 부채질했다. 아직 철이 들지 않았다.

지혜에는 시간과 경험이 필요한 법인데, 요셉은 타관 객지에서 종살이도 해보고 억울하게 옥살이도 해본 끝에 점점 더 지혜로운 사람으로 성숙해져 갔다. 마침내 이집트의 총리가 되어서 7년 풍년과 7년 흉년을 정확하게 예측하고 미리 대비한 끝에 고대 근동 지방을 기근과 기아에서 구한 영웅으로 우뚝 섰다. 전무후무한 7년 풍년 기간에 먹거리를 충분히 저장해두었다가 7년 흉년이 찾아오자 풀었던 것이다(창 41장).

느헤미야는 바벨론 포로 귀환 시기에 내우외환內憂外患을 차례로 극복하고 52일 만에 예루살렘 성벽을 중수하고 새 이스라엘을 탄생시킨 '국가 재건 엔지니어'다. 안으로 포로 생활에 지쳐 사기가 땅바닥에 떨어진 이스라엘 백성을 다독여 새 예루살렘을 건설하는 일에 매진토록 독려해야 했고, 밖으로 사사건건 성벽 공사를 방해하는 원수들의 집요한 방해 책동을 분쇄해야만 했다. 느헤미야는 위기가 찾아올 때마다 하나님께 지혜를 구했고, 그의 탁월한 지혜로 말미암아 이스라엘은 포로 생활을 끝내고 새 국가 체제를 정비할 수 있었다.

그러나 지덕의 대명사인 느헤미야도 말년에 가서 자기가 이룬 개혁 성과가 눈에 띄게 퇴조한 것을 목격한 다음에 대중 앞에서 폭력도 불사하는 무절제한 행동을 보인다. 군중 앞에서 몇몇 사람을 구타하고 머리털까지 뽑는 등, 당사자가 굴욕감을 느낄 만한 사나운 행동을 서슴없이 한다(느 13:25). 그만큼 다급했기 때문이지만, 평소의 절제된 느헤미야의 모습이 아니다.

이처럼 성경에 등장하는 인물들은 대개 처음부터 끝까지 일관되게 지혜로운 성품을 유지하지 못한다.

당대의 의인으로 하나님과 동행한 노아도 포도주에 대취해 추태를 부렸고, 그것도 모자라 이 사실을 고자질한 아들 함을 저주하는 우<sup>愚</sup>까지 연속으로 범한다(창 9:20-27).

믿음의 조상 아브라함도 신중하지 못해서 곤욕을 치렀다. 양식을 찾아 이집트로 갔다가 사라에게 반한 이집트 왕 바로의 환심을 사고자 아내를 누이동생이라고 속였다(창 12:10-20). 부전자전<sup>父傳子傳</sup>이라고, 이삭도 아내 리브가를 누이동생이라고 속였다(창 26:6-11). 아비나 아들이나 자신의 안위를 위해서 거짓말을 했다가 자칫 아내를 잃어버릴 뻔했던 것이다.

어리석고 경솔한 인사의 대명사는 나발이다(삼상 25장). 다윗 일행이 양식이 떨어져 나발에게 도움을 요청했다. 다윗의 부하들이 나발의 양 떼를 지켜준 적도 있기에 양털 깎는 잔칫날에 스스럼없이 양식을 구했다. 나발은 정중하게 거절해도 될 것을 주군을 하늘처럼 모시는 다윗의 부하들 앞에서 그의 인격을 모독하면서 굉장히 무례한 방법으로 퇴짜를 놓았다. 격분한 다윗과 사백 용사가 나발 집안의 남자란 남자는 모조리 씨를 말리겠다고 출정했다가 다윗이 나발의 아내 아비가일을 만나 분을 삭이고 보복을 중단한 이야기는 유명하다.

물론 보복하러 출정한 다윗이 사태를 촉발한 나발 한 사람이 아닌, 집 안에 있는 남자들 전체를 몰살하려고 한 것은 지혜나 정의, 절제, 용기 어느 덕에도 미치지 못한 과잉 행동임이 틀림없다. 나발의 행위에 격분한 다윗이 분기탱천憤氣撐天해서 그 집안 남자 전원을 몰살하겠다고 돌격해 들어간 것은 인품과 덕성에 구멍이 뚫렸다는 사실을 보여준다. 의심할 여지 없이 과격한 행위를 추동한 원인은 "지덕의 일시적 부작동"에 있다.

우리는 성경에서 지혜로운 이들을 선별해서 그들의 지혜를 본받을 필요가 있다. 나발과 같이 미련한 사람은 반면교사로 삼아서 어리석은 길을 피해야 한다. 성경에서 지덕을 갖춘 사람은 대체로 꾸준히 지덕을 발휘하는 경향이 있지만, 이따금 특수한 상황에 직면해서 어이없는 실수를 저지른다. 노아, 아브라함, 모세, 다윗, 느헤미야 등등 지덕을 탁월하게 겸비한 이들도 전혀 지혜롭지 못한 결정을 내리고 무분별한 행동을 저지를 때가 있다. 지혜가 영원한 소유물이 아니라 하나님이 주신 선물이기에 방심할 때마다 들락날락한다는 말이다. 그러므로 우리는 "선 줄로 생각하는 자는 넘어질까 조심하라"(고전 10:12)는 바울의 경고를 마음에 새겨야 한다. 하나님이 선물로 주신 지혜가 떠나가지 않도록 항상 "근신하고 깨어 있어야"(벧전 5:8) 한다.

사추덕에서 지덕은 최고의 자리를 차지하기에 고대 철학자들은 지덕을 '덕들의 전차 마부'(auriga virtutum/ charioteer of the virtues)로 불렀다. 전차를 모는 전사는 말의 생리를 꿰뚫고 꼭 가야 할 방향으로 말을 움직이고 멈추는 등 말의 모든 것을 통제해야 한다. 지덕도 욕구를 잘 조정해서 극단적 방향으로 흐르지 않도록 고삐를 단단히 잡아주는 역할을 해야 한다.

# 2장

# 의덕義德

내 형제들아 영광의 주 곧 우리 주 예수 그리스도에 대한 믿음을 너희가 가졌으니 사람을 차별하여 대하지 말라 만일 너희 회당에 금 가락지를 끼고 아름다운 옷을 입은 사람이 들어오고 또 남루한 옷을 입은 가난한 사람이 들어올 때에 너희가 아름다운 옷을 입은 자를 눈여겨 보고 말하되 여기 좋은 자리에 앉으소서 하고 또 가난한 자에게 말하되 너는 거기 서 있든지 내 발등상 아래에 앉으라 하면 너희끼리 서로 차별하며 악한 생각으로 판단하는 자가 되는 것이 아니냐 내 사랑하는 형제들아 들을지어다 하나님이 세상에서 가난한 자를 택하사 믿음에 부요하게 하시고 또 자기를 사랑하는 자들에게 약속하신 나라를 상속으로 받게 하지 아니하셨느냐(약 2:1-5).

## *Suum Cuique*: 각자에게 각자의 것을

도덕 생활에 중추 역할을 하는 사추덕의 둘째 덕은
'정의'(justice)인데, 가장 중요하면서도 복잡하고 구현하
기가 쉽지 않다. 지덕이나 절덕, 용덕은 주로 개개인 수준
에서 행사하는 사적인 덕들이라고 한다면, 의덕은 철저
히 상호 인간관계 안에서 작동하는 사회적인 덕이다.

누군가 타인을 중상모략해서 심각한 명예훼손을 끼
쳤을 경우, 얼마든지 그가 정의롭지 못하다고 비난할
수 있다. 그러나 자기를 비방했다고 해서 명예훼손죄로
자신을 고소할 수는 없다. 아내가 남편의 지갑을 몰래
뒤져 쇠고기를 사 와 온 식구가 저녁에 스테이크를 맛있게
먹었다고 할 때, 아내의 행위를 좀도둑질이라고 비방할
수 없다. 이 사실을 남편에게 알리는 것이 좋겠지만, 아내
는 남편의 반쪽인 데다가 공동의 살림을 위해서 이런
일을 했기에 윤리적으로 정죄할 수 없다. 이처럼 정의는
대개가 동일한 사회 구조 안에서 동일한 법적 제재를
받는 '타인'(other)과 관련해서 발생하는 덕이라는 사실에

서 다른 세 덕과는 차원이 다르다.

정의는 정치, 경제, 문화, 교육, 군사, 생태환경 등등 모든 영역에서 이웃과 공동체, 사회, 국가, 세계 전체와 관계하면서 수행해야 할 덕이므로 범위도 넓을 뿐 아니라 온갖 이해관계가 복잡하게 얽혀있기에 한 개인이 정의로운 품성을 구비했다고 해서 실현될 수 있는 덕이 아니다. 이런 까닭에 '덕성 윤리'를 추구하는 아리스토텔레스나 아퀴나스가 가장 상세하면서도 신중하게 다루는 덕이 의덕이다.

라틴어 모토 '*Suum Cuique*', 즉 "각자에게 각자의 것을"(To each his or her own)이 정의를 잘 규정해 준다. "각자가 응당 가져야 할 몫을 주는 것"(To give each his or her due)이 정의의 본질이다. "공로(merits)나 과오(faults/失策)에 따라서 응분 받아야 할 것을 받게 하는 것"이 정의다. 선한 행동에 상응하는 상을 주고 악한 행동에 상응하는 벌을 주는 상선벌악賞善罰惡의 원리가 정의론의 토대다.

로마법에서 정의를 상징하는 '*Suum Cuique*'가 나치

주의를 연상시키는 구호로 악용되었다. 이것의 독일어 문구 "Jedem das Seine"(각자에게 각자의 것을)가 저 악명높은 부헨발트(Buchenwald) 강제 포로수용소의 정문 위에 철제 간판으로 걸려 있었다. 인류 역사상 가장 불의한 정치 체제의 대명사격인 나치도 정의를 선전 구호로 내세웠다는 사실은 아이러니다. 나치까지 정의 구현의 기치를 내걸고 폭정을 일삼았다면, 인류 역사는 정의를 위한 투쟁으로 점철된 피의 역사라고 해도 과언이 아니다. 오늘날 이틀이 멀다고 벌어지는 각종 노사분규와 임금 투쟁, 파업, 시위 등등은 모두 "나에게 당연히 돌아와야 할 몫을 챙겨야 한다"는 정의감에서 비롯된다.

정의가 무너진 사회는 겉으로 평화로워 보여도 오래가지 못한다. 정의의 수레바퀴로 굴러가는 사회라야지 평화와 안전이 보장된다. 가정이나 직장과 같은 소규모 공동체에서 국가에 이르기까지 인간 사회가 건강하고 평화롭게 굴러가려면 정의 생태계가 튼실해야 한다.

예수님은 산상수훈의 팔복 가운데 넷째 복으로 '의'(righteousness)를 말씀하신다. "의에 주리고 목마른 사람은 배부르게 되는 복을 받을 것"(마 5:6)이라고 말씀하신다. 먹고 마시는 문제가 가장 원초적이고 절박한데, 굶주린 상태에서 밥을 사모하고 목마른 상태에서 물을 사모하듯이 정의를 사모하라는 것이다. 타는 목마름으로 정의를 갈구하지 않는다면, 인간 사회는 어떻게 될까? 거짓과 폭력이 난무하는 '짐승 사회'로 전락하고 말 것이다. 이런 이유로 세상 사람들이 가장 예민하게 주시하는 영역이 사회 정의 문제이고, 날마다 라디오와 텔레비전을 뜨겁게 달구는 뉴스 대부분은 정의와 직결된다.

## 정의 = 올바른 관계 맺기

정의론은 사회적 동물로서의 인간이 다양한 인격 관계를 맺으며 살아가는 존재라는 사실에서 출발한다. 인간인 이상 고립되어 살 수 없고 공동체의 일원으로서 상호 영향을 미치며 살 수밖에 없다. 개인이나 집단이 응당 받아야 할 몫을 받으려면 "올바른 관계 맺기"가 필수적이다. 사회적 관계망 안에 살아가는 인간은 누구나 자유, 평등, 인권, 공평, 공존, 복지, 안정, 질서, 평화 등등의 공동선(common good)에 기여도 하고 혜택을 받기도 하는데, 이를 위해 이웃과 올바른 관계를 수립하고 유지하는 것이 긴요하다.

올바른 관계는 "내 권리가 중요하듯이 타인의 권리도 중요하다"는 사실을 인정할 때 시작된다. 죄로 물든 인간의 본성은 남보다 더 많이 갖고 더 많이 누리려는 욕심으로 일그러져 있다. 노동력을 착취하고 정당한 임금을 지불하지 않는 것은 타인의 정당한 권리를 존중하지 않기 때문이다.

정의가 성품의 일부인 미덕으로 고착되기 위해서는 어려서부터 옳고 그름에 대한 도덕적 가치관을 분명히 정립해야 한다. 신중, 현명, 분별력과 같은 '지덕'이 선행될 때 '의덕'도 따라올 수 있다. 유아기 때부터 실천 지혜의 안내와 지도를 받아서 "남의 것을 가로채거나 더 많이 가지려고 하거나 덜 주려고 하는 행위가 부당하다"는 사실을 인식하고, 의로운 기질과 습성을 반복해서 기르다 보면 언제 어디에서나 저절로 의로운 행동을 하게 될 것이다. 특별한 시간과 특수한 상황에서만 일시적으로 의롭게 처신하는 것이 아니라, "타인이 응당 받아야 할 정당한 몫을 돌려준다"는 일관된 자세로 행동하다 보면, 정의감이 제2의 천성이자 꾸준한 성향으로 인격에 자리를 잡아 의덕이 생긴다.

　정의냐 불의냐를 결정짓는 것은 내적 감정이 아닌, 외적 행동이다. 어떤 사람이 보석상을 털기 위해 치밀한 계획을 세웠다가 감시망이 두터운 것을 알고 포기했다고 치자. 강도질을 음모한 것은 윤리적으로 용납되기 어렵지만, 실제로 강도 행각을 벌이지 않아서 보석 가게에 어떤 피해도 주지 않았기에 정의를 위반한 것은 아니다. B에게 1억을 빚진 A가 마음속으로 B에게 저주를 퍼부으면서도 정해진 기한 내에 빚을 다 갚았다고 치자. 자주 빚 독촉을 하는 B가 너무 미워서 A가 내심 불평하고 저주한 것은 덕스럽다고 말할 수 없지만, 내적 감정과 상관없이 외적 행동으로 빚을 상환했다는 사실에서 채무자(A)가 채주(B)에게 해야 할 의무를 이행했으므로 정의를 달성한 것이다. 이처럼 정의 문제는 마음속 의지가 실제의 행동으로 이어질 때만 올바로 판단할 수 있다는 특징이 있다.

## 법률 정의와 분배 정의

정의에는 '법률 정의'(legal justice)와 '분배 정의'(distributive justice)와 '교환 정의'(commutative justice)가 있다. 법률 정의는 한 국가의 국민으로서 법을 지켜야만 하는 정의다. 법률이라는 범주에는 국가의 최상위 기본법인 헌법으로부터 지방 자치 조례와 규칙까지 포함하는, 공동체 전체가 준수해야 할 규범 일체를 말한다. 법률을 잘 지키는 시민이 좋은 시민이요, 정의로운 시민인 것은 당연하다.

법 아래에 사는 시민인 이상 세금을 내야 하고, 교통 법규를 지켜야 하고, 투표권을 행사하고, 전쟁이 발발할 때 징집령에 순응해야 하는 등등 법을 준수하는 것이 정의롭기에 법률 정의를 '일반 정의'(general justice) 혹은 '공동 정의'(common justice)라고도 부른다. 법 테두리 안에서 법을 지키는 시민으로 살아야 하기에 '시정 정의'

(civic justice)라고도 한다. 다양한 혜택을 받아 누리는 사회에 우리 쪽에서 법을 잘 지켜 사회의 공동선에 이바지하는 정의이기에 '기여 정의'(contributive justice)로 부르기도 한다. 국가가 철도와 고속도로를 건설하기 위해 공시지가에 상응하는 가격을 지주에게 지불할 경우, 사유재산인 토지를 수용할 수 있다. 팬데믹 시대에 마스크를 쓰고 마음대로 집회를 열 수 없는 불편함이 있지만, 건강과 안전이라는 공공선을 위해서 개인은 법 테두리 안에서 자신의 자유와 권리를 제한해야 할 의무가 있다. 공동선을 위한 일이기에 공동 정의와 관계된다.

공동 정의에 부합하기 위해서는 언제나 공동선(전체)이 개인의 선(부분)에 선행한다는 대원리가 전제된다. 그러나 법률 정의를 시행할 때 공동선을 앞세운다는 명목으로 개개인을 거대한 기계의 부속품처럼 하찮게 여기는 전체주의의 늪에 빠질 위험성을 경계해야 한다. 개인의 자유와 권리를 지나치게 앞세운 나머지 공공선을 도외시하는 개인주의도 경계해야 한다.

법률 정의에 부응한다고 해서 정의라는 미덕을 갖춘

것은 아니다. 불평하면서 납세 의무를 이행하거나 마지
못해 교통 법규를 지킬 수도 있기 때문이다. 법률 정의는
시민이면 누구나 지켜야 할 일반 정의요, 공동 정의이기
에 당연히 지켜야 할 최소한의 기본 정의일 뿐, 내면의
성품과 직결된 '덕성'이라고 말할 단계는 아니다. 그렇다
면 미덕으로서의 정의를 논할 때 빠짐없이 등장하는 정의
는 분배 정의와 교환 정의, 둘이다. 두 종류의 정의는
법률 정의와 달리 "한 사람 혹은 한 집단의 이득이 다른
쪽의 손해"가 될 때 발생한다.

　　분배 정의는 사회에서 발생하는 다양한 종류의 부담
과 혜택을 각 개인에게 공정하게 분배하는 것을 말한다.
국민에게는 국가가 만들어내는 행복과 평화와 질서와
안정과 같은 공동선에 기여할 의무와 책임도 있지만,
사회복지와 같이 국가로부터 혜택을 돌려 받아야 할 권리
도 있다. 내가 세금을 잘 납부하는 등 국민의 의무를 다할
때 국가는 나의 자유와 평등, 행복 추구권, 인권, 재산권,
언론 자유의 권리와 같은 기본권을 보장해 주어야 한다.
공권력을 가진 국가 기관이 정당한 법적 절차를 거치지

않고 개인을 구금하거나 정당한 보상 없이 사유재산을 무단으로 사용하거나 탈취하면 분배 정의를 어긴 것이 된다.

각 개인의 '필요'에 따라서 각종 권리와 혜택을 분배할 것인가, 아니면 '능력과 업적'에 따라서 분배할 것인가는 정치경제 제도와 관련해서 오늘까지 뜨거운 논쟁거리가 되고 있다. COVID-19 시대에 시민들은 건강과 안전과 질서라는 공공선에 기여하고자 마스크를 착용하고 공공 집회를 자제하는 등등의 불편을 감수했다. 이때 음압 격리 병실과 인공호흡기가 턱없이 부족할 경우, 어떤 환자에게 우선권을 줄 것이냐의 문제가 뜨거운 감자로 부상했다. 임산부, 노약자, 어린이, 장애인? 어떤 기준에 따라 어떤 환자에게 의료 시설 사용의 우선권을 줄 것인가 는 분배 정의와 관련된다. 분배 정의는 사회 곳곳에서 일어나는 각종 경제 불평등과 기회 불균등 등등의 고질적 병폐와 직결되어 있으므로 쉽사리 해결될 사안은 아니 다. 법률 정의와 마찬가지로 분배 정의 역시 성품에 내재 하는 덕성으로 인정받기에는 역부족이다. 분배 정의를 실현해야 할 국가와 정부가 인격체가 아니기에 아무리 공정하고 합리적으로 각종 복지 혜택을 분배한다고 할지라도 덕스럽다고 말하기가 어렵기 때문이다.

## 교환 정의

윤리학에서 개인의 '의덕'을 다룰 때 직결되는 정의는 '교환 정의'다. 아리스토텔레스 윤리학에서 교환 정의는 가치가 다른 물건을 교환할 때 따라야 하는 공정한 비례 법칙을 말한다. 집과 신발을 교환한다고 할 때 집 한 채와 신발 한 켤레의 가치는 다르다. 따라서 양쪽의 가치를 산정하고 비례율에 맞추어 동등하게 교환할 때 정의가 실현된다. 집 한 채에 맞먹는 신발이 2만 개라고 한다면, 집 한 채와 신발 2만 켤레를 맞교환할 때 교환 정의가 실현된다. 화폐를 화폐로 직거래하는 경우도 있지만, 종류도 다르고 가치도 다른 재화財貨를 화폐로 환산해서 교환할 때가 대부분이다. 집이나 자동차나 텔레비전이나 컴퓨터나 모든 물건은 각각의 가치에 상응하는 돈을 지불하고 구입함으로써 교환 정의가 실현된다('화폐'야말로 서로 다른 재화의 가치를 비교하고 평가할 수 있는 기준을 마련해주기에 교환 정의에 필수적이다).

인생은 물물교환(barter deal)의 연속이기에 교환 정의 야말로 성품이나 덕성과 직결된다. 직장에서 직책에 따라 일을 할 때도 능력과 기여도에 걸맞게 정당한 임금을 받으면 교환 정의가 실현된다. 직책이나 노동력과 효율성, 노동 시간, 노동 환경에 상응하는 임금을 받지 못한다면 교환 정의가 어긋난 것이다.

교환 정의에서 '수량의 동등성'이 아니라 '가치의 동등성'이 중요하기에 두 가지 교환 대상의 '가치'를 공정하게 측량하고 평가하는 일은 매우 중요하다. 휴대폰에 책정된 정가를 지불하고 구입했는데, 상인이 불량품을 내주었다면 교환 정의를 위반한 것이다. 교환 정의는 물건의 교환에만 적용되는 것이 아니라 훨씬 더 중요한 정신적 삶을 비롯한 생활 전반에 적용된다. 나에게 직장 동료의 권리를 배려하고 존중해야 할 의무와 책임이 있다면, 이에 비례해서 상대편 동료에게도 나의 권리를 배려하고 존중해야 할 의무가 있다. 그러므로 직장 동료가 이런 상호 존중의 의무를 저버리고 나를 음해해서 내가 직장에서 해고된다면, 가해자는 다름 아닌 교환 정의를 위반한 것이다.

삶 전반에 걸쳐서 발생하는 교환 정의가 성품과 기질 상의 '덕성' 문제가 되는 이유는 인간의 뿌리 깊은 죄성 때문이다. 고질적 탐욕과 자본주의의 이기적 풍조 때문에 교환 대상이 나에게 불리할 때는 물론이고, 동등하다고 할 때도 선뜻 교환 행위에 자발적으로 나서려고 하지 않는다. 어떻게 해서든지 손해 보지 않으려는 심리가 인간의 보편적 속성이다. 손해가 되지 않는 것은 물론이고, 동등한 것을 넘어서 나에게 유리하다고 판단될 때만 교환할 의사를 갖게 된다. 이것은 물질 영역뿐만 아니라 정신 영역에서도 뚜렷한데, 사적인 이익이 없음에도 이웃의 권리와 유익을 앞세우는 사람은 드물다.

정의론의 대전제가 "타인에게 가야 할 정당한 몫을 주고, 타인과 사회에 해악을 끼치지 말라"는 것이라면, 정의로운 사람은 사익을 위해서 타인에게 손해를 끼치려고 하지 않을 것이다. 어떤 형태의 '주는 것'이든지 간에 '받는 것'과 비례율에 따라 균형을 맞추려고 애쓸 것이다. 교환 정의가 실현되지 않고서는 올바른 인간관계는 세워질 수 없다.

## 정의에서 파생하는 덕들

정의는 우리가 관계를 맺는 모든 영역, 즉 가정과 직장, 사회, 국가, 국제 사회 등등 전반에 적용되어야 한다. 가족 구성원들에게 사랑받고 존중받아야 할 기본 권리가 있다. 부모는 자식을 사랑하고 존중해야 하고, 자식은 부모에게 효도해야 한다. 모든 관계가 그렇듯이 부모와 자식, 부부, 형제자매 관계는 쌍방적이다. 아버지는 자식들에게 균등한 사랑을 베풀어야 할 의무와 책임이 있는데, 한 자식을 지나치게 편애한다면 정의가 무너진 것이다.

야곱이 열 아들보다 요셉과 베냐민을 편애해서 특별 대우했다면, 의덕을 갖추지 못했기 때문이다. 야곱에게 의덕이 부족하다는 사실은 자식들을 대우하는 문제뿐만 아니라 거의 일생에 걸쳐서 되풀이되는 패턴이다. 장자 권을 탈취하려고 형과 아버지를 속였고, 네 아내를 동등 하게 사랑하지 못한 까닭에 아내들 사이에(특히 레아와 라헬 사이에) 가정 분란이 그치지 않았다. 어려서부터 "원하 는 것은 수단과 방법을 가리지 않고 가져야만 한다"는 그릇된 가치관 때문에 의덕이 길러지지 않은 탓이다.

"각자가 응당 받고 누려야 할 몫을 주는 것"이 정의라 고 한다면, 신체 각 기관 가운데 특정 부분을 다른 부분에 비해 과도하게 아끼는 것도 '정의 원리'로 평가할 수 있을 까? 얼굴을 아름답고 영양 만점으로 가꾸기 위해서는 정성을 다하는데, 신체의 다른 부분을 그만큼 균등하게 사랑하고 관리하지 않아서 그곳에 병이 생겼다면, 그 기관이 응당 받아야 할 관심과 사랑을 받지 못해서 그렇게 되었으므로 '신체 정의'가 무너졌다고 말할 수 있지 않을 까?

육체뿐만 아니라 '인격' 전체를 놓고 볼 때도 유독 정신 을 과도하게 혹사하면서 쉴 기회를 주지 않는다면, 이 또한 정신과 육체에 균등한 관심과 사랑을 베풀어야 할

'정의' 법칙을 어겼다고 해석할 수 있을 것이다. 물론 신체 각 기관이 유기적 통일성을 이루어 '나'라는 자아를 이루기에 전체와 부분을 나눌 수 없다는 것이 사실이지만, 이런 해석이 전혀 근거가 없는 것은 아니라는 사실을 바울은 고린도전서 12장에서 "몸과 지체의 비유"를 통해서 예시한다.

의덕을 일상생활에 응용하는 지혜가 필요하다. "각자에게 응당 돌아가야 할 몫을 주는 것"이 정의라면, 불의는 "당연히 돌아가야 할 몫을 돌려주지 않음으로써 이웃과 바른 관계를 맺지 못하는 것"이라고 할 수 있다. 이것은 금전 거래에서만 일어나는 문제가 아니라 거짓, 무고誣告, 절도, 상해, 간음, 살인 등등의 악행도 정의감이 모자랄 때 발생한다.

일상생활에서 큰 죄의식 없이 저지르는 사소한 악덕이 의덕의 결핍에서 온다는 사실도 유념해야 한다. 당사자가 없는 자리에서 험담을 하거나 정당한 근거 없이 악평하고, 고자질을 일삼는 행위도 의덕의 부재에서 발생한다. 힘 있는 사람과 힘없는 사람을 각각 다르게 대하면서 작은 권력도 함부로 휘두르며 갑질하는 행위도 의덕과는 거리가 멀다.

외모와 신분과 지위만 보고 사람을 다르게 대우한다면 정의롭지 않다. 중립성이나 객관성이 요구되는 선택과 결단에 편견이나 뇌물의 힘에 휘둘려 특정인에게 특혜를 베푸는 것도 정의롭지 않다. 거짓이나 거짓 증거가 아닌, 진실만 말하는 정직은 의로운 관계를 위해서 중요하다. 위선과 가장假裝은 진실한 삶에 장애가 된다. 공손과 예의, 감사와 상냥함, 너그러움, 공경, 효도, 애국심 등등의 미덕들도 정의라는 어머니 덕에서 파생하는 새끼 덕들이다.

## 사랑과 정의는 부부 사이

정의는 사랑과 함께 가야만 한다. 바늘 가는 데 실 가듯이, 정의와 사랑은 부부 사이로 헤어질 수 없다. "가혹한 정의는 가혹한 불의일 뿐이다"*라는 말이 있다. 정의가 "눈에는 눈으로, 이에는 이"라는 '동해同害보복'이

전부라고 한다면, 이 세상에는 보복과 폭력의 악순환이 계속될 것이다. 그리하여 눈과 이와 손과 발이 불구가 된 사람들로 가득 차게 될 것이다(출 21:24-25).

사무엘상 30장에는 손에 땀을 쥐게 하는 사건이 나온다. 다윗과 600 용사가 사흘 동안 원정遠征을 마치고 임시 주둔지 시글락에 돌아와 보니 동네가 잿더미로 변했다. 아말렉 사람들이 습격해서 마을에 불을 지르고 처자식을 사로잡아 갔다. 다윗과 600 용사는 아말렉 군대를 맹추격하게 되었는데, 시글락에서 22킬로미터 떨어진 건천(乾川/wadi) 브솔 시내에서 200명이 탈진해서 쓰러졌다(삼상 30:9-10). 아벡에서 시글락으로 회군한 뒤 얼마 되지 않은 데다가 처자식을 잃은 충격으로 정신력과 체력에 한계가 온 것이다. 낙오했다.

그 사이에 나머지 400명은 아말렉 사람들을 찾아내 무찌르고 처자식과 재산을 되찾고 적의 전리품까지 챙겼

* "*summum ius summa iniuria.*"(Rigorous justice is rigorous injustice.)

다. 다윗과 400명 용사가 승리의 개가를 부르며 개선할 때 브솔 시내에서 쓰러진 200명은 초라한 패잔병의 몰골로 기다리고 있었다. 처자식을 다시 만났을 때 반가운 마음도 잠시뿐, 쥐구멍이라도 있으면 숨고 싶을 만큼 수치심을 느꼈을 것이다.

아니나 다를까 400명 가운데 '분배 정의'를 주장하는 자들이 선동했다. 낙오한 200명에게는 처자식만 돌려주고 물건은 하나도 돌려주지 말자고 주장한 것이다. 정의 법칙으로 본다면, 논공행상論功行賞을 바로 해서 공을 세운 사람들과 그렇지 못한 사람들을 구분해야 옳을 것이다. 그때 다윗이 나선다.

그러나 다윗은 그들을 달랬다. '동지들, 주님께서 우리를 지켜 주시고, 우리에게 쳐들어온 습격자들을 우리의 손에 넘겨주셨소. 주님께서 우리에게 선물로 주신 것을 가지고, 우리가 그렇게 처리해서는 안 되오. 또 동지들이 제안한 이 말을 들을 사람은 아무도 없소. 전쟁에 나갔던 사람의 몫이나, 남아서 물건을 지킨 사람의 몫이나, 똑같아야 하오. 모두 똑같은 몫으로 나누어야 하오'(삼상 30:23-25).

다윗은 승리를 400명이 잘 나서가 아니라, 하나님께서 주신 선물의 결과로 해석한다. 그리하여 도중하차한 200명에게나 목숨을 걸고 아말렉과 싸운 400명에게나 모든 것을 균등하게 분배해야 한다고 주장한다. 낙오병들에게 전리품을 주지 말자고 주장한 사람들은 세상 법칙으로 볼 때 정의로워 보일지 모르지만, 성경은 그들을 '악하고 야비한 사람들'로 평가한다(22절). 이들의 눈에 200명은 나약하고 비겁한 사람들로 보였지만, 다윗은 그들을 '남아서 물건을 지켜준 사람들'로 추켜세우면서 자존심을 지켜준다. 다윗이야말로 정의의 최종 목표가 공동체의 '화목'에 있고, 사랑이 정의를 완성한다는 사실을 잘 알고 있었던 것이다. 그리하여 다윗은 처자식과 재산뿐만 아니라 공동체의 일치와 평화도 되찾았다.

차가운 칼바람이 부는 '정의'는 최고의 덕인 '사랑'으로 보완되어야 한다. 물론 사랑은 정의로 환원될 수 없지만, 정의 없이 사랑은 존재할 수 없다. 악행을 저지르는 사람을 사랑하기에 꾸짖고 교정한다. 사랑이 없다면 불의를 눈감아주고 무관심한 태도를 보일 것이다. 그러므로 정의 구현은 '사랑의 덕'을 실현하기 위해서도 필수적이다. 정의가 타인이 당연히 갖고 누려야 할 몫을 인정하고 양도하는 것이라면, 사랑은 내가 마땅히 갖고 누려야 할 소중한 것을 타인에게 나누어 주는 것이기에, 사랑이 정의보다 더 높은 가치다.

## 감사와 교환 정의

### '감사'라는 미덕

감사는 덕성 목록에 빠짐없이 등장하는 주요 미덕인데, 티모시 덜랜(Timothy Dernlan)은 감사를 이렇게 정의한다.

당신에게 행해진 어떤 것이나 당신에게 무엇인가를 해준 사람에게 품는 매우 강력한 느낌의 고마움.[*]

---

[*] "A strong feeling of appreciation for something or to someone for something done to you." Dr. Timothy Dernlan, *Classical Christian Virtues: Contemplating the Good Life* (Philadelphia, PA: Titus Books, 2020), 111.

누군가 우리에게 호의나 은혜를 베풀 때 고마워하는 감정이 감사다. 호의를 베푼 사람에게 빚졌다는 사실을 인정하는 것이다. 감사를 표할 때 먼저 그 일이 감사할 일인가 아닌가를 숙고하는 '지혜'가 필요하다. '습성의 탁월성'(덕)이 '사유의 탁월성'(지혜)에 의해 촉발되기에 어떤 행동을 선택하더라도 그 행동의 선함과 옳음, 행동의 결과가 자기와 주변 사람들, 공동체에 끼칠 파급 효과 등을 면밀히 숙고하는 일은 중요하다. '지적인 덕'인 지혜가 선하고 옳다고 판단해서 행동으로 옮겨갈 때 다른 덕이 생겨날 수 있는데, 감사에도 지적인 판단이 필요하다.

어떤 일과 어떤 사람에게 감사해야 하나 말아야 하는가를 심사숙고할 때 세 가지 윤리 입장을 응용할 수 있다. '의무(규칙) 윤리'를 적용할 경우, 감사하는 것이 인간이면 당연히 해야 할 의무와 원칙이기에 감사해야 한다고 생각할 것이다. 그러나 감사에 대한 보편 의무와 원칙을 안다고 해서 언제나 그 아는 것이 감사 행위로 이어지는 것은 아니다. '목적(결과) 윤리'라는 공리론을 적용할 경우, 감사하면 자기도 행복하고 감사를 받는 대상도 행복하기에 감사해야 한다고 생각할 것이다. 그러나 목적과 결과가 좋고 유익이 된다고 할지라도, 사람의 성향에 따라서 감사하는 일 자체가 번거롭고 귀찮게 느껴지거나 뒤로 미루는 습관 때문에 제때 감사를 실천하지 못할 수도 있다.

따라서 "감사하는 것이 의무이기에 감사한다"는 것이나 "감사해서 모두에게 행복한 결과를 가져오기에 감사한다"는 것은 감사의 덕목을 실행하기에는 충분치 않다. 의무감 때문에 어쩔 수 없이 하는 감사에는 진정성이 없고, '강요된 되갚기'(constrained repayment)가 될 수 있다. "누이 좋고 매부 좋고"처럼 결과가 좋으므로 감사한다고 해도 개인에 따라서 즉각 감사하지 않고 나중으로 미룰 수 있다. 그러기에 작은 감사 거리에도 감사하는 습성이 몸에 배어 자연스레 신속하게 감사하는 것이 바람직하다. 감사 행위의 동기도 중요하고 감사 행위의 결과도 중요하지만, 감사하는 사람의 성품과 덕성이 훨씬 더 중요하다.

## 교환 정의와 감사

아퀴나스는 감사를 사추덕의 하나인 정의의 범주 아래 배치한다. 양자에는 어떤 관계가 있기에 감사를 정의라는 어미 덕에서 파생하는 새끼 덕으로 해석한 것일까? 정의는 옳은 것을 해야만 한다는 마음가짐이다. 정의는 대인관계에서 발생하는, 사회적이고 공동체적인 미덕이다. 지혜나 절제, 용기와 같은 개인 덕과 달리 정치적 덕이기도 하다. 그렇다면 정의는 지나치게 많이 가짐과 지나치게 적게 가짐의 양극단을 공평하게 조정하는 것이다. 내 이익이 중요한 만큼 타인의 이익도 중요함을 인정함으로써 타인에게 돌아가야 할 정당한 몫을 돌려주는 것이다.

아리스토텔레스에 따르면 '교환 정의'는 서로 가치가 다른 물건들을 교환할 때 따라야 하는 공정 비례 법칙을 말한다. 집과 자동차를 교환할 때 집과 자동차가 갖는 가치에 따라서 누구나 수긍할만한 비율을 산정해야 한다. 집마다 가격이 다르고 자동차마다 가격이 다르겠지만, 10억짜리 집과 1억짜리 자동차를 교환한다고 할 때 공정한 거래는 집 한 채에 자동차 열 대가 있어야지만 교환 정의가 이루어진다.

　이런 비례 균등의 원칙을 일상생활 전반에 적용할 경우, 어떤 물건을 구입할 때 그 물건에 상응하는 값을 치르거나, 어떤 노동력을 제공할 때 거기에 상응하는 임금을 받게 될 때 교환 정의가 실현된다. 보험회사가 보험료를 꼬박꼬박 다 받고서도 유사시에 고객에게 정당한 보험료를 지불하지 않는다면, 교환 정의를 이행하지 않은 것이 된다. 교환 정의야말로 우리 사회가 정상적으로 가동하기 위해서 필수적인 기초 정의다. 교환 정의는 대인관계에서 상대편이 받아야 할 정당한 몫을 정확한 비율로 환산해서 되갚는 정의다. 그렇다면 큰 호의와 은덕을 입었는데도 거기에 상응하는 감사의 마음이 없고 행동으로 표현하지 않는다면, 교환 정의를 위배한 것이 될 것이다.

## 교환 정의의 시각에서 본 성경의 사례들

감사라는 미덕이 왜 정의라는 모덕<sup>母德</sup>, 특히 교환 정의에 배속되는지를 성경에 등장하는 사례들을 통해서 살펴보자. 창세기 33장에는 에서가 동생 야곱을 용서하는 장면이 나온다. 야곱은 쌍둥이 형 에서를 속여서 장자권을 탈취했다. 뒤늦게 사실을 안 에서가 동생을 죽이겠다고 날뛰자 어머니 리브가가 야곱을 친정 오라버니 라반의 집으로 피신시킨다. 외삼촌 집에서 20년 동안 얹혀살던 야곱은 특유의 영악함으로 외삼촌의 두 딸을 아내로 삼고 외갓집 재산의 상당수를 손아귀에 넣고 고향으로 돌아온다. 하지만 야곱의 귀향 소식을 들은 에서가 복수하기 위해서 군사 400명 이끌고 진격해온다. 야곱은 외삼촌 집으로 돌아갈 수도, 형을 만날 수도 없는 진퇴양난에 빠졌다. 결국 에서는 야곱을 용서한다. 야곱은 목숨이 날아갈 뻔했는데 극적으로 목숨을 건진 것이다. 형에게 감당할 수 없는 은혜를 입었기에 야곱은 "에서의 얼굴을 보는 것이 하나님의 얼굴을 보는 것"(창 33:10)과 같다고 진심으로 감사한다. '교환 정의' 법칙대로 한다면, 야곱은 목숨을 바쳐 형을 섬겨도 모자랄 판이다. 목숨이 하나밖에 없으니 평생 형에게 감사한 마음을 품고 살아야 마땅하다.

누가복음 17:11-19에는 예수님의 은혜로 열 명의 나환자가 고침을 받았지만, 감사해야 마땅한 유대인 환자 아홉 명은 뿔뿔이 흩어졌고, 사마리아인 한 사람이 예수께 되돌아와 감사했다는 이야기가 나온다. 왜 그랬을까? 나병에 걸린 다음에는 유대인이 사마리아인을 차별하는 것 자체가 무색해져서 마을 밖에서 함께 섞여 살았겠지만, 병이 낫고 보니 이전의 사마리아인에 대한 인종차별이 다시 도진 것은 아닐까? 자기들을 고쳐주신 예수님은 안중에도 없고, 고향으로 돌아가 가족과 친지들에게 나았다는 사실을 알리는 데에만 정신이 팔렸던 것은 아닐까? 결국 유대인 아홉 명은 육신은 치유 받았지만, 구원은 받지 못했다. 그러나 사마리아인은 치유와 구원을 다 받았다. 은혜에 대한 반응이 감사인데, 감사가 전인격적 구원을 불러온 것이다. 결국 유대인 아홉 명은 예수님의 은혜에 상응하는 감사를 실행하지 않았기에 교환 정의를 위배한 것이다.

마태복음 18:23-35에 일만 달란트라는 천문학적 빚을 탕감받은 사람이 자기에게 백 데나리온 빚진 사람을 용서하지 않는 비유가 나온다. '일만 달란트'와 '백 데나리온'은 산술적으로 비교할 수 없다. 일만 달란트를 변제받은 사람은 '교환 정의'의 비율로 따진다면 죽었다 깨어나도 그 은혜를 다 갚을 수 없다. 그런데도 자기에게 조금 빚진 사람을 용서하지 않았다는 사실은 그가 교환 정의를 어겼다는 말이 된다.

마태복음 20:1-16에는 포도원 주인이 다섯 차례에 걸쳐서 일군의 품꾼들을 고용한 뒤 세상의 자본주의 법칙과는 전혀 다르게 품삯을 지불하는 비유가 나온다. 맨 먼저 오전 6시에 와서 일한 일꾼들은 하루 12시간 일해야 벌 수 있는 한 데나리온을 품삯으로 받는다. 교환 정의에 부합하는 계약 임금을 받은 것이다. 그러나 오후 5시에 고용된 일꾼들은 턱걸이로 일자리를 구한 것도 감지덕지感之德之한데, 12시간 일해야지만 벌 수 있는 임금을 단 한 시간만 일하고 벌었다. 주인의 은혜 없이는 일어날 수 없는 파격이다.

오전 6시에 정상적으로 고용된 사람들과 달리 오전 9시, 정오 12시, 오후 3시, 오후 5시, 뒤로 물러갈수록 일자리를 구하는 것은 점점 더 힘들어진다. 기술이나 경험이 부족하거나 장애가 있다든지, 심각한 결격 사유가 있기에 제때 일자리를 구하지 못한 것이다. 이렇게 '뒤처진 이들'(낙오자들)이 마음씨 좋은 주인을 만나서 극적으로 일자리를 구했고, 한 데나리온의 품삯까지 받는다는 것은 주인에게 상상할 수 없는 은덕을 입었다는 증거다.

맨 먼저 온 사람들은 자기 능력으로 일했고 일한 만큼 정당한 보수를 받았기에 주인에게 감사할 이유가 없다. 정확히 교환 정의가 충족된 것이다. 그러나 맨 나중에 온 사람들은 주인에게 분에 넘치는 은덕을 입었기에 평생 감사하고 살아야 한다. 교환 정의의 원리대로 하더라도 주인이 베푼 은덕에 상응하는 값을 치르기 위해서 별도로 감사의 마음과 감사의 태도로 반응해야만 한다. 받은 호의를 물질로 환산해서 되갚을 수 없다면, 감사하는 마음과 태도로도 훨씬 더 숭고한 교환 정의를 실현할 수 있다. 그러기에 '오후 5시 사람들'은 길을 가다가 먼발치에서 주인을 보더라도 쪼르르 달려가서 절을 할 것이다. 주인집에 무슨 일이 생기면 만사를 제쳐놓고 도와주려고 할 것이다. 교환 정의의 원칙으로 보더라도 그렇게 해야지만 주인이 베푼 은덕에 비례해서 어느 정도 균등을 이룰 수 있기 때문이다.

### 자유와 자발성으로 일어나는 감사

어떤 은덕을 입고서도 감사하지 않는다면, 지혜의 덕에 문제가 생긴 것이다. 어떤 은덕을 입었는지를 모르거나 알아도 애써 무시하기 때문이다. 알았다고 할지라도 적절한 시간에 적절한 방법으로 감사를 표현하지 않는다면, 교만과 고집과 게으름과 몰인정 등등의 악덕이 가로막기 때문일 것이다. 과분한 사랑과 은덕을 입었을 때 거기에 상응하는 감사를 표현하지 않는다면, 일차적으로 교환 정의를 위반한 것과 다를 바 없다.

한 학생이 유수한 대학에서 4년 내내 전액 장학금에다가 기숙사 숙식비까지 제공 받는 특전을 입고서도 감사하지 않는다면, 어떻게 될까? 자기 능력이 특출해 많은 후보자 가운데 선발되었기에 당연하다며 교만한 마음을 품고, 그것도 모자라 입만 열면 교수님을 욕하고 학교에 대한 불평을 쏟아낸다면, 법률적 책임은 물을 수 없겠지만 도덕적으로 '교환 정의'에 어긋나는 일이라 할 것이다. 밥을 먹여주는 손가락을 물어뜯는 것과 같기 때문이다.

진정한 감사는 '자유'와 '자발성'으로 일어나는 미덕이다. 어떤 은덕을 입었을 때 거기에 상응하는 은덕으로 되갚아야만 한다는 의무감에서 감사한다면, 그런 감사는 '내키지 않는 강요'로 변질될 수 있다. "받은 은혜만큼 수량으로 계산해서 똑같이 되갚는 것"은 진정한 감사가 아니다. 그것은 '등가等價의 물물 교환'에 그치고 만다. 감사는 정의와 같이 엄격하고 냉정한 기브 앤 테이크(Give & Take)가 아니다. 정의와 보응의 법칙에서처럼 은혜 베푼 자가 은혜 입은 자에게 갚으라고 강요할 수 없다. 호의를 베푸는 이도 그 호의를 받는 이도 아무것도 기대하지 않고 자유롭고 자발적으로 움직일 때 순전한 감사가 발생한다. 은덕을 베푸는 사람이 우월감을 갖거나 은근히 보상받기를 기대한다면, 받는 쪽으로부터 진정한 감사를 불러오기 어렵다. 주는 이나 받는 이나 서로를 존중하고 배려하는 마음으로 은혜의 선물을 주고받는다면, 주는 이나 받는 이나 다 감사할 수 있다.

정당한 값을 치르고 물건을 샀을 때 판매자나 구매자가 던지는 "땡큐!"(Thank you!)는 대개 예의상 혹은 습관성으로 나올 때가 많다. 진정한 감사는 언제나 은혜를 선물로 받았다는 의식에서 출발한다. '은혜'가 보상에 대한 기대 없이 주는 무상無償의 선물이듯이, 우리 역시 그런 자세로 은혜를 주고받을 때 순수한 감사가 나온다. 이런 점에서 은혜는 다분히 영적이고 초월적인 덕목이다.

"긍정 심리학"(positive psychology)으로 유명한 마틴 셀리그만(Martin Seligman, 1942~ )과 크리스토퍼 피터슨 (Christopher Peterson, 1950~ )이 주축이 된 행동 가치 연구소(VIA, Values in Action Institute)에서 펴낸 『성품 강점과

덕목 분류』(*Character Strengths and Virtues, 2004*)[*]는 여섯 가지의 덕목으로 구성된 24개의 성품 강점을 제시한다.

| 성품 강점(Strengths of Character) | |
|---|---|
| ① 지혜와지식 (Wisdom & Knowledge) | 창의성(Creativity/Originality/ Ingenuity), 호기심(Curiosity/Interest/ Novelty-Seeking, Openness to Experience), 개방성(Open-Mindedness/ Judgment/Critical Thinking), 학구열 (Love of Learning), 통찰력(Perspective/ Wisdom) |
| ② 용기 (Courage) | 용감성(Bravery/Valor), 인내(Persistence/ Perseverance/Industriousness), 진실 성(Integrity/Authenticity/Honesty), 활 력(Vitality/Zest/Enthusiasm/Vigor/ Energy) |
| ③ 인간애 (Humanity) | 사랑(Love), 친절(Kindness/Generosity/ Nurturance/Care/Compassion/Altru- |

---

[*] Christopher Peterson & Martin Seligman, *Character Strengths and Virtues: A Handbook and Classification* (Oxford: Oxford University Press, 2004).

| | |
|---|---|
| | istic Love/ Niceness), 사회성(Social Intelligence/Emotional Intelligence/Personal Intelligence) |
| ④정의 (Justice) | 시민정신(Social Responsibility/ Loyalty/Teamwork), 공정함(Fairness), 리더십(Leadership) |
| ⑤절제 (Temperance) | 용서(Forgiveness/Mercy), 겸손 (Humility/Modesty), 신중함(Prudence), 자기조절(Self-Regulation/ Self-Control) |
| ⑥초월성 (Transcen- dence) | 심미안(Appreciation of Beauty & Excellence/Awe/Wonder/Elevation), 감사(Gratitude), 희망(Hope/Optimism/ Future-Mindedness/ Future Orientation), 유머감각(Humor/ Playfulness), 영성 (Spirituality/Religiousness/Faith/ Purpose) |

셀리그만과 피터슨은 '감사'라는 성품 장점을 '초월성' 이라는 덕목 범주에 배치한다.

초월성은 말 그대로 인간적인 것과 세상적인 것을 넘어서는 영적이고 종교적인 영역이다. 감사가 지혜나 용기, 혹은 인간애와 같은 범주에 들지 않고, 왜 영적이고 종교적인 '초월성' 범주에 들어갈까? 진정한 감사는 사람의 힘으로 되지 않고, 하나님이 주시는 초월적 은혜의 선물이기 때문일 것이다. 내 안에 하나님의 은혜가 있을 때 작은 일에도 마음에 감동을 받아서 저절로 감사가 터져 나올 것이다. 별것 아닌 것도 누군가 정성을 다해서 선물로 선사할 때, 그 어떤 물량으로도 환산해서 갚을 수 없다. 하물며 하나님으로부터 받은 용서와 사랑의 은혜에는 그 어떤 화폐나 물량으로도 환산할 수 없는 초월적 가치가 있기에 범사에 감사하는 것이 마땅하다. 작은 친절, 작은 선물, 작은 온정과 은혜에도 감사하는 태도는 건강한 인간관계를 위해서 얼마나 중요한지 모른다. 감사는 인간 사회라는 거대한 기계가 잘 돌아가게 하는 윤활유 역할을 한다.

남성미를 물씬 풍기는 덕들이 있다. 용기나 관대함(너그러움) 같은 덕들이다. 여성적인 덕들도 있다. 친절이나 겸손과 같은 덕들이다. 그런가 하면 나이 지긋한 노련미와 경륜을 암시하는 덕도 있다. 지혜 같은 덕이다. 그런데 감사는 사랑스러운 어린아이를 꼭 닮은 덕이다. 눈에 넣어도 아플 것 같지 않은 귀염둥이가 재롱을 부리는 것이 감사가 아닐까?

# 3장

# 절덕節德

노하기를 더디하는 자는 용사보다 낫고 자기의 마음을 다스리는 자는 성을 빼앗는 자보다 나으니라(잠 16:32).

이기기를 다투는 자마다 모든 일에 절제하나니 그들은 썩을 승리자의 관을 얻고자 하되 우리는 썩지 아니할 것을 얻고자 하노라 그러므로 나는 달음질하기를 향방 없는 것 같이 아니하고 싸우기를 허공을 치는 것 같이 아니하며 내가 내 몸을 쳐 복종하게 함은 내가 남에게 전파한 후에 자신이 도리어 버림을 당할까 두려워함이로다(고전 9:25-27).

## 불광불급<sup>不狂不及</sup> Vs. 과유불급<sup>過猶不及</sup>

절제(temperance)는 '자기를 조절하는 능력'(self-control/
self-management)이다. 자제력(self-restraint)이다. 자신의 건
강과 유익뿐만 아니라 이웃의 안녕과 행복을 위해서 자신의
욕구를 적절히 통제할 줄 아는 능력이다.

절제는 인간의 기본 욕구와 관련된다. 배가 고프면
먹어야 하고, 목이 마르면 마셔야 하는 것은 생존을 위해
서 필수적이다. 종족을 보존하고자 가정을 꾸미고 아이를
낳아 기르는 것도 자연스럽다. 식욕과 성욕은 인간의 기
본 욕구요 원초 본능이기에 두 욕구 앞에서는 사람과 짐승
이 구분되지 않는다. 오감 중에서 가장 강렬한 감각은
미각과 촉각인데, 식욕은 미각과 성욕은 촉각과 관련
된다.

식욕과 성욕이 충족되지 않으면 인간은 고통(pain)을
느낀다. 배가 등가죽에 붙을 정도로 굶주리게 되면 몸
곳곳에 극심한 통증 신호가 온다. 욕구가 제때 충족되지
않을 때 고통이 찾아오고, 충족될 때 만족(pleasure, '쾌락'

에는 퇴폐적 의미가 있기에 '만족'으로 번역함)이 찾아온다. 식욕이나 성욕과 같은 본능 욕구뿐만 아니라 인간이 생활하면서 느끼는 모든 욕구에는 충족되면 '만족', 충족되지 않으면 '고통'이라는 결과가 온다.

문제는 먹고 마시고 성관계를 갖는 등의 욕구는 너무도 강렬하기에 통제하기 어렵다는 사실에 있다. 그렇다고 해서 고삐 풀린 망아지처럼 욕망이 이끄는 대로 했다가는 건강과 인간관계가 헝클어져 가장 빠르고 쉽게 자기파멸로 곤두박질칠 수 있다. 따라서 절제는 이성과 지혜로 올바르게 추론해서 과도한 욕구에 빠지지 않고 알맞은 길을 찾아 나서는 과정이다.

아리스토텔레스 윤리학에서의 덕이 두 악덕, 즉 과잉 (excess)과 결핍(defect)을 극복하고 그 한가운데 중용 (golden mean)을 선택하는 능력이라고 한다면, 절제야말로 중용과 적당함(moderation)을 핵심으로 삼는 덕이다. 한국과 같이 이성보다 감정에 치우치기 쉽고 모든 형태의 극단주의가 횡행하는 사회에서 절제보다 더 중요한 덕은 없다.

불광불급不狂不及, "미치지 않고서는 미치지 못한다"라는 말도 있듯이, 어떤 일이든지 회까닥 정신을 잃을 정도로 미쳐야지만 어느 수준까지 미칠 수 있고 그 분야에 성공할 수 있다는 생각은 위험하다. 극단성을 부추기기 때문이다. 과유불급(過猶不及, Too much of anything is good for nothing)이라는 말도 있듯이, 지나침은 모자람만 못하다.

## 저수지의 제방 같은 절제

절제는 생활 전반에 중요한데도 가장 실현하기 어렵다. 식욕이나 성욕과 같은 욕구는 하나님이 주신 선천적 욕구일 뿐 아니라 감각 쾌락과 직결되기에 통제하기가 어렵다. 거의 무의식 수준에서 작동하는 욕구이기에 제때 충족되지 않으면 극심한 고통과 불만이 뒤따르고, 언제 어떻게 어느 정도까지 절제해야 하는지를 가늠하기가 쉽지 않다.

고대 로마 시대에 대규모의 주지육림酒池肉林 향연이 벌

어질 때마다 엄청난 음식을 폭식한 다음 손가락을 목구멍에 넣어 음식물을 토해내고, 또다시 음식물을 섭취하는 풍속이 있었다. 산해진미山海珍味에 맛을 들인 호식가나 성적 쾌락에 중독된 난봉꾼이 식탐과 성욕을 주체하는 일은 참으로 어렵다. '진선미'라는 훨씬 더 고상하고 아름다운 가치를 향한 욕구가 고귀하다는 사실을 알아도 감각을 자극하는 쾌락 욕구가 워낙 강렬하기에 이성의 힘으로 통제하기가 쉽지 않다. 그런데도 건강과 유익한 삶을 위해서, 이웃과 공동체에 폐를 끼치지 않고 다 함께 행복해지기 위해서 이성으로 제반 욕구를 조정하고 통제해서 조화롭고 균형 잡힌 삶을 추구하는 것은 참으로 중요하다.

절덕은 '양量'으로 환산해서 어떤 상황 누구에게나 적용되는 보편 기준을 마련할 수 없다. 음식을 먹을 때 이 정도의 양이 건강과 육체미를 위해서 누구나 다 따라야 할 '적정량'이라고 말할 수 없다는 것이다. 씨름 선수에게 필요한 적당량과 의자에 앉아서 연구하는 학자에게 합당한 적당량이 다르다. 직업이나 체격, 신장, 체중, 연령,

성 등등에 따라서 식사량의 적당치는 각각 다를 수밖에 없다. 그러므로 절제는 '10'의 다이얼을 만지작거리고 조절해서 정중앙 '5'에다가 기준을 맞추는 산술 행위가 아니다. 적당치의 기준이 사람과 환경마다 다를 수밖에 없기에 표준치를 제시해서 누구에게나 일괄적으로 적용할 수 없다.

그러기에 한 사람이 처한 특수한 분위기나 환경을 고려해야 한다. 일상적으로 평범한 저녁을 먹을 때와 특별한 축하 잔치에서의 식사는 그 취지와 분위기가 다르기에 절제해야 하는 식사량도 다르다. 잔치 자리에서 평소와 달리 더 많은 음식을 먹는다고 해도 이웃을 기쁘게 한다는 목적이 더 큰 선이라는 사실 때문에 과식하고 과음했다고 나무랄 수 없다.

절제는 저수지의 제방과 같은 역할을 한다. 비가 많이 와도 둑이 튼실하면 큰 수해를 막을 수 있다. 마찬가지로 이성의 추론으로 식욕이나 성욕과 같은 기본 욕구뿐만 아니라 소유욕, 명예욕, 물욕 등등의 제반 욕구를 잘 조절할 때 건강하고 행복해지고 이웃에게 유익을 줄 수 있다.

## 세 영역에서의 절제

식욕이나 성욕과 같은 '육욕에 대한 절제'와 희로애락과 같은 '감정에 대한 절제', '지적이고 정신적이고 영적인 측면에서 절제'가 필요하다.

첫째로, 육체 욕구에 대한 자기 조절이다. 현대인은 '무한 리필'이라는 광고를 비롯한 먹거리에 대한 홍보와 선전이 마구잡이로 식욕을 부추기는 시대에 살고 있다. 입맛이 당긴다고 해서 닥치는 대로 음식물을 섭취하다가는 건강에 적신호가 온다. 이런 이유로 탐식은 "죽음에 이르는 일곱 가지 죄"(七罪宗) 가운데 하나로 선정되었다. 허겁지겁 급하게 먹는 '속식速食', 게걸스럽게 먹는 '폭식暴食', 지나치게 많이 먹는 '과식過食', 까다롭게 즐기면서 먹는 '미식美食', 사치스럽게 먹는 '호식好食'에 자제가 필요하다. 탐식이 음식을 어느 정도까지 먹을 것인가와 관계된다고 할 때, 탐식에 빠진 사람은 바울 사도의 말씀처럼 자기 '배'(stomach)를 신으로 섬기는 우상 숭배자라고 할 수 있다(롬 16:17-18).

성경은 먹고 마시는 문제를 절제하지 못해 실수한 사람들의 이야기를 소개한다. 에서는 시장기를 이기지 못하고 팥죽 한 그릇에 장자의 명분을 팔아넘긴다(창 25:29-34). 식욕을 참지 못한 에서는 성욕에도 조급함을 보인다. 아버지 이삭은 에서에게 가나안 원주민 여성을 아내로 삼지 말라고 신신당부했다. 에서는 이미 여러 아내를 거느리고 있었지만 아버지의 당부를 잊고 가나안 여인들을 아내로 맞아들인다(창 28:6-9). 욕망이 솟구치는 대로 움직이는 무감각과 무절제의 전형을 보여준다.

방주를 만든 노아는 포도주를 너무 많이 마셔서 추태를 부렸는데, 이것도 모자라 사랑하는 아들 함에게 저주까지 내린다(창 9:20-27). 포도주 자체가 문제가 아니라 포도주를 다스리는 사람의 절제력이 무너질 때 큰 화가 생긴다. 바울은 위장병을 앓는 디모데에게 포도주를 약으로 쓰라고 권한다(딤전 5:23). 그러나 자제력을 잃게 될 상황을 염두에 두고 "술 취하지 말라 이는 방탕한 것"(엡 5:18)이라고 '과음'을 경고한다.

삼손이 과도한 정욕을 떨쳐내지 못하고 블레셋 기생

들릴라의 치마폭에서 자멸의 길에 빠져든 것은 유명하다. 일순간의 욕정을 이기지 못한 다윗이 충신의 아내 밧세바를 범한 일화도 큰 교훈을 준다. 너무나 자극적이고 너무나 원초적이라서 이성의 힘으로 통제하기가 너무나 어려운 욕구가 성욕이라고 할지라도, 이런 욕구를 슬기롭게 조절할 때 건강과 조화와 안정, 평화와 행복을 얻을 수 있다. 제어하기 어려운 욕구를 잘 다스리는 지혜와 능력을 얻게 된다면, 이보다 훨씬 더 작은 욕구는 쉽게 자제할 수 있게 될 것이다.

둘째로, 희로애락과 같은 감정에도 중용의 미덕이 필요하다. 인간은 이성의 동물이기 이전에 감정의 동물이다. 문제는 감정이 종종 무모하고 파괴적이라는 사실에 있다. 부당한 대우를 받거나 억울한 일을 당할 때, 기대한 것이 좌절될 때 누구나 화를 낼 수 있다. 그러나 누구나 다 자기를 화나게 한 사람에게 화나게 한 정도만큼 공정하고 알맞게 화풀이할 수 있는 사람은 흔치 않다. "종로에서 뺨 맞고 한강에서 눈 흘긴다"라는 속담도 있는 것처럼, 엉뚱한 사람에게 과도하게 분노를 표출할 때가 있다. 직장 상사에게 부당한 대우를 받고 나서 화가 머리 끝까지 났지만 대들었다가는 불이익을 당할 수 있으니까 집에 돌아와 죄 없는 처자식에게 화풀이할 때도 있다.

민수기 20장에 보면 이스라엘 백성이 물이 떨어지자 하나님과 모세를 향해 격한 원망과 불평을 쏟아낸다. 누이 미리암이 세상을 떠나 가뜩이나 우울하던 차에 모세 는 이스라엘 백성에게 깊은 환멸감을 느낀다. 하나님께 서 반석에 가서 명령만 하면 물을 낼 것이라고 말씀하셨으 나, 모세는 두 번씩이나 지팡이로 반석을 거칠게 내리친 다. 하나님과 사람들에게 쌓인 분노를 그렇게 감정적으 로 표현했을 것이다. 그 결과 모세는 가나안 땅에 들어갈 수 없게 되었다.

분노와 같이 격한 감정에 휩싸일 때마다 감정을 한 단계 끌어올려 이성의 차원에서 객관적으로 살펴볼 여지 를 마련해야 한다. 애덤 스미스(Adam Smith, 1723~1790) 가 『도덕 감정론』(The Theory of Moral Sentiment, 1795)에 서 공감(sympathy)을 언급할 때 '공정한 관찰자'(impartial spectator) 입장을 강조한 것처럼, 자기중심적 사고에서 벗어나 타인의 입장에 서보는 역지사지易地思之의 정신이 필요하다. 분노는 절제하지 않을 때 타인과 공동체는 물론이고 자신에게도 심각한 타격을 준다. 분노는 교만에서 파생하는 악덕이다. 교만의 반대는 겸손인데, 겸손은 절제에서 파생하는 2차 덕이다. 겸손의 자매뻘 되는 다른 덕들, 즉 인내와 온유, 화목, 관대와 같은 덕들도 절제라는 어미 덕에서 나온 새끼 덕들이다. 자제력 없이 겸손이나 인내, 온유, 화목, 관용과 같은 덕들을 기를 수 없다.

기쁨이나 슬픔, 우울, 흥분, 실망, 좌절감 등 기분을 휩싸고 있는 수많은 감정이 있는데, 이런 감정에는 균형과 조화가 필요하다. 한쪽으로 치우치게 될 때 건강하고 평화로운 삶을 살기 어렵다. 양극단을 피하고 중용의 길을 선택하는 '절덕'이 필요하다.

셋째로, 우리의 지성과 정신 활동, 영성 생활에도 절제가 필요하다. 호기심을 갖고 책을 읽는 것은 고상한 취미다. 문제는 호기심이 병적이고 불건전한 쪽으로 치우쳐서 영혼을 병들게 하는 불순 음란 서적을 닥치는 대로 읽는다면, 호기심에 대한 억제는 물론이고 독서에도 자제가 필요하다.

필자가 시골에서 중학교에 다닐 때 멀리 사는 친구들 가운데 오후가 되어서야 등교하는 아이들이 있었다. 선생님이 왜 늦었느냐고 꾸중하면, "동네 아저씨가 개울에서 족대로 고기 잡는 것을 뒤쫓아 다니다가 늦었다"라고 대답했다. 쓸데없는 호기심으로 귀한 시간을 낭비한 것이다. 호기심까지도 이성의 추론으로 통제할 필요가 있다. 유명 연예인들의 사생활에 병적으로 집착해서 가짜 뉴스를 유포하는 유튜버들이 있다. 그릇된 호기심으로 사회 전체를 병들게 하기에 절제와 제재가 필요하다.

영성 생활에도 절제가 필요하다. 금식이나 구제, 기도와 같은 영역에도 자기 조절이 있어야 한다. 교회 생활도 잘해야 하지만, 그 못지않게 가정에서 좋은 아내 좋은 남편 좋은 어머니 좋은 아버지로서의 가족 간의 의무와 책임도 잘 감당해야 한다. 교회 생활과 가정 생활, 사회 생활이 균형과 조화를 이루어야 하는데, 절덕이 필수적이다.

# From 'Self-control' to 'Christ-control'

동·서양을 막론하고 절덕은 사회 전반의 "명예와 수치 문화"(the culture of honor & shame)와 직결된다. 식욕과 성욕이 본능이요 기본 욕구라고 하더라도 무감각과 무절제, 방종에 빠져 육체적 쾌락에만 탐닉(耽溺)할 때 우리는 하나님의 형상대로 지음 받은 인격성을 상실하고, 짐승 수준으로 전락해서 사회적으로 따가운 눈총을 받게된다. 보수적인 사회일수록 도덕 일탈에 대한 감시와 견책은 더 클 것이다. 감각 쾌락에 대한 욕망을 이기지 못해 짐승 수준으로 전락한 이들이 비판받고 창피를 느끼는 일은 도덕 질서의 유지를 위해서 필요하다.

그 옛날 화담 서경덕(花潭 徐敬德, 1489~1546)이 기생 황진이(黃眞伊, 1506~1567)의 유혹을 자제력으로 물리친 것처럼, 누군가 초인적 의지로 쾌락 욕구에 굴복하지 않고 인격적 고매함과 절제력을 보여줄 때 박수갈채를 받는다. 절덕을 실행하는 이에게는 찬사와 명예가, 그렇지 못한 이에게는 비난과 수치가 쏟아지는 것은 인간 사회가 '야수 사회'로 전락하지 않기 위해서 필요하다.

절덕을 실천할 때 조심할 사항이 하나 있다. 절제가 외부의 강요에 의한 의무감 때문에 하는 '억지'(coercion)가 되어서는 안 된다는 것이다. 덕은 어려서부터 자기가 결정하고 선택한 행위가 선하고 옳으므로 자신과 이웃에게 선익을 끼친다는 합리적 판단이 설 때, 그 행위를 의식적으로 반복해서 실천하다 보니까 자기도 모르게 인격에 생성되는 제2의 천성, 성향, 혹은 습성이다. 절덕도 실천해야 하는 상황이 주어지면 자연 발생적이고 필연적으로 일어난다. "절제할까 말까"를 주저주저한다면, 아직 절제가 하나의 아레테로서 고착되지 못한 까닭이다.

모든 덕이 다 그렇지만, 지금 처한 상황에서 욕구를 조절하는 것이 자신과 가족과 이웃과 공동체를 위해서 바람직하다는 것을 알려주는 '이성'의 역할이 중요하다. 이성이야말로 아리스토텔레스가 말하는 '프로네시스'이자 사추덕이 말하는 '지덕'(실천 지혜)이다. 이성은 우리를 바른길로 안내하는 '지도하는 덕'(directing reason)이다. 그러나 이성만으로는 모든 욕구를 뜻대로 제어할 수 없다.

예레미야 17:9은 "만물보다 거짓되고 심히 부패한 것이 인간의 마음"이라고 말씀한다. 이성조차도 우리를 바른 길로 안내하고 지도하기에는 역부족일 수 있다는 것이다.

노하기를 더디 하는 자는 용사보다 낫고 자기의 마음을 다스리는 자는 성을 빼앗는 자보다 나으니라(잠 16:32).

어떻게 하면 마음을 잘 다스릴 수 있을까? '그리스도 안에'(in Christ) 있어야 한다. 성령의 능력 안에 머물러야 한다. 절제를 비롯한 모든 덕이 어려서부터 꾸준히 반복하다 보면 하나의 기질이나 성품처럼 습득(acquired)되는 능력이라고 했지만, 인격과 성품이 아무리 탁월해도 강렬한 쾌락 욕망에 굴복한 나머지 무절제와 방종으로 굴러떨어진 위인(偉人)이 적지 않다. 사람의 힘만으로 통제할 수 없다. 그러기에 절제는 'Self-control'인 동시에 'Christ-control'이 되어야 한다. 그리스도께서 왕이 되셔서 우리를 다스려 주실 때만 '자기 부인'(self-denial)과 온전한 '자기 통제'가 일어날 수 있다.

# 4장

# 용덕 勇德

또 어떤 이들은 더 좋은 부활을 얻고자 하여 심한 고문을 받되 구차히 풀려나기를 원하지 아니하였으며 또 어떤 이들은 조롱과 채찍질뿐 아니라 결박과 옥에 갇히는 시련도 받았으며 돌로 치는 것과 톱으로 켜는 것과 시험과 칼로 죽임을 당하고 양과 염소의 가죽을 입고 유리하여 궁핍과 환난과 학대를 받았으니 (이런 사람은 세상이 감당하지 못하느니라) 그들이 광야와 산과 동굴과 토굴에 유리하였느니라(히 11:35b-38).

## 위험부담(risk) + 두려움(fear) = ?

사추덕의 넷째 덕은 '용기'다. 어떤 일에 뛰어드는 것이 선하고 의롭다는 확신하에 그 행위가 두렵고 불편하고 고난과 희생과 죽음까지 감수해야 한다고 할지라도 물러서지 않고 그 일에 뛰어드는 능력과 자세가 용기다.

영어로 용기에는 두 가지 단어가 있다. 'fortitude'는 '강한'(strong)을 뜻하는 라틴어 형용사 어근 'fortis'와 '강함'(strength)을 의미하는 명사 'fortitudo'에서 왔다. 선하고 의로운 일을 추구할 때 생기는 시련과 역경을 견뎌내는 '강인함'이 용기의 본질이다. 'courage'라는 영어도 있는데, 라틴어로 '심장'(heart)을 뜻하는 'cor'에서 왔다. 심장이 '내적인 힘'이나 '확고한 결단'을 상징하듯이, 용자勇者는 어떤 두려움이나 고난에도 굴하지 않는 '강심장의 사람'(a person of strong heart)이다.

고대 그리스-로마 문화에서 용기는 '전사'(warrior)의 이미지로 설명되었다. 전쟁은 목숨이 왔다 갔다 하는 위험천만한 상황이다. 죽는다는 것은 모든 것을 잃어버리는 것이기에, 죽음을 두려워하지 않고 전쟁터를 누비는 것은 용기 없이 불가능하다. 현대에는 인명을 구하고자 화마가 혓바닥을 날름거리는 불구덩이에 뛰어드는 소방관이 용기의 표상이다.

용기는 날 때부터 남달리 겁이 없고 대담한 사람만이 가질 수 있는 덕으로 생각하기 쉽다. 선천적으로 간이 커야만 용기 있는 행동을 할 수 있다는 뜻이다. 기질상 담이 큰 사람이 그렇지 않은 사람보다 더 용기가 있을 수 있겠지만, 도덕성으로서의 용기는 꼭 대범한 성격과 직결되는 것은 아니다. 소심하고 내성적인 사람이 엄청난 용기를 보일 때가 종종 있다.

용기는 목숨이 걸린 전쟁터나 화재 현장과 같이 위기 상황에서만 필요한 덕이 아니다. 일상생활 전반에도 용기가 있어야 한다. 암에 걸렸다는 진단을 받은 뒤에 입원 수속을 밟고 수술 일정을 기다릴 때 용기가 필요하다. 한밤중에 길을 가는데 괴한이 직장에서 퇴근해 귀가하는 여성을 괴롭힌다. 노골적인 성희롱을 서슴지 않고 저항하는 여성에게 폭력까지 행사할 기세다. 행인들이 이

광경을 목격했다고 해도 힐끗힐끗 쳐다만 보고 스쳐 지나가기 일쑤다. 그러나 평소에 용덕이 몸에 밴 사람은 위험을 무릅쓰고 가련한 여성을 불량배의 폭력에서 구해낸다.

용기 있는 행동에 뛰어들 때는 언제나 그 행동이 초래할 '위험'(risk)과 그 위험에 대한 '두려움'(fear)이 수반된다는 특징이 있다. 방금 예화로 든 이야기에서처럼 폭력이 난무하는 상황에 개입하다가는 봉변을 당할 수 있다. 폭력배가 휘두르는 주먹질이나 칼질에 중상을 입을 수 있고, 목숨까지 잃을 가능성도 있다. 행인 대부분이 이런 종류의 부당한 일을 보고서도 아무 일도 없다는 듯이 지나가는 이유는 위험부담에 대한 두려움 때문이다. 그러나 용기 있는 사람은 불량배가 선량한 시민을 괴롭히는 일 자체가 부당하고 무고한 희생자를 구해내는 일 자체가 당연하다는 신념이 확고하기에 불편과 위험을 개의치 않고 뛰어든다.

이처럼 용덕을 결정짓는 것은 행위에 수반되는 '위험부담'과 위험부담에 대한 '심리적 두려움'이다. 위험에는 수치, 조롱, 왕따와 같은 명예 훼손과 물질적 손해와 육체적 상해, 죽음이라는 극단 피해까지 따라올 수 있다. 위험 부담이 클수록 두려움도 비례해서 커지는데, 상대적으로 위험 부담과 두려움이 큰일에 뛰어들수록 용기도 비례해서 커진다.

다른 덕도 그렇겠지만, 특히 용기에는 자신이 행동으로 옮기려고 하는 일에 대한 심사숙고가 선행되어야 한다. 지혜 혹은 신중이라는 '지덕'이 하려는 행동이 선하고 옳다는 확신을 심어줄 때 용기 있는 행동으로 나아갈 수 있다. 행위의 동기와 결과가 선하고 의롭다는 도덕적 신념이 확고할 때 그 행위 때문에 발생하는 불편이나 희생을 기꺼이 감내할 수 있다. 이런 도덕적 가치관(신념)은 인격 깊은 곳에 제2의 천성으로 각인되어 있으므로 이와 비슷한 일이 발생할 때마다 저절로 용기 있는 행동을 하게 된다. 위험천만한 상황에 뛰어들 때 불명예와 손해, 목숨이 위태롭다고 할지라도 두려워하지 않고 "침착하고 강하게"(calm & strong) 행동한다.

도덕적 대의(大義/cause) 없이 하는 행동은 아무리 대범해도 '용기'라는 미덕과는 거리가 멀다. 도둑이 제아무리 대범하게 도둑질을 하고, 강도가 대낮에 제아무리 손에 땀을 쥐게 하는 노상 강도행각을 벌여도, 그들의 행동을 용기 있는 행동이라고 추켜세우지 않는다. 도둑질이나 강도질 자체가 도덕적으로 악하고 불의하기 때문이다. 많은 사람이 지켜보는 가운데 다람쥐처럼 높은 나무에 기어 올라가거나 무시무시한 절벽에서 뛰어내리는 사람에게도 '용기'라는 미덕을 적용하기 어렵다. 자기 능력을 과시해서 군중의 박수갈채와 인기를 끌려고 하는 자만과 허영심이 동기와 목적이기 때문이다. 어떤 행동이 용기 있는 행동이 되려면, 그 행동의 동기와 목적이 자신과 이웃에게 유익을 끼치고 선하고 의롭고 고매한 것이어야만 한다.

## 용기 있는 사람들

인류 역사에 용기 있는 위인들을 들라면, 끝이 없다. 미국에서 흑인에 대한 조직적 인종차별이 극에 달했을 때 이에 맞서 싸운 투사들이 있다. 세 영웅을 든다면, 필립 랜돌프(A. Philip Randolph, 1889~1979)와 베이어드 러스틴(Bayard Rustin, 1912~1987), 마르틴 루터 킹 주니어(Martin Luther King Jr., 1929~1968)다. 이들이 활동하던 시대에는 버스에 백인석과 흑인석이 명확히 구분되어 있었는데, 의도적으로 백인석에 앉았다가 경찰에 끌려 내려와 망신을 당했다. 사나운 경찰견에게 물렸고, 백인들의 구둣발에 짓밟혔고, 얼굴에 침 뱉음을 당했고, 감옥에 갇혔다. 킹 목사는 총에 맞아 목숨까지 잃었다. 흑인 인권 운동은 상상 가능한 모든 위험성과 극한 두려움이 따라붙는 공포의 가시밭길이었지만, 끝까지 비폭력 평화주의 저항 운동을 중단하지 않았다. 흑인 해방과 인권 회복 운동이 옳다는 신념이 그 어떤 폭력과 보복도 참아낼 수 있을 만큼 위대하다고 확신했기 때문이다.

북서부 파키스탄 지역에서 탈레반(Taliban)이 정권을 장악했을 때 여자들은 학교에 갈 수 없었다. 그때 열한 살짜리 소녀가 여학생의 교육권을 주장하는 글을 인터넷 블로그에 올리기 시작했다. 소녀의 용기 있는 행동은 국경을 초월해 수많은 지지자를 얻었다. 그러나 소녀에 대한 테러 위협은 점점 더 거세지기 시작했다. 2012년 10월 9일 14세가 된 이 여학생이 학교에 가려고 버스를 탔을 때 복면을 한 탈레반 군인이 학생의 신원을 확인한 다음에 총을 발사했다. 이마에 한 발이 박혔고, 나머지 두 발은 얼굴과 어깨를 관통했다. 소녀는 기적적으로 목숨을 건졌지만, 안면 근육 마비로 한쪽 눈을 깜박일 수 없게 되었다. 목숨을 걸고 탈레반에 저항한 소녀는 2014년 17세의 나이로 역사상 최연소 노벨 평화상을 수상한 말랄라 유사프자이(Malala Yousafzai, 1997~)다.

## 능동적 용기와 수동적 용기

용기에는 두 가지 양상(aspect)이 있다. 능동적 양상인 '공격'(attack)과 수동적 양상인 '인내'(endurance)다. 군인의 용기가 '공격형 용기'라고 한다면, 순교자의 용기는 '견뎌내는 용기'다. 군인은 전쟁터에서 적군에 대항해 무기를 들고 맞서 싸운다. 국민의 생명과 재산을 보호하고자 목숨을 걸고 공격한다. 안중근(安重根, 1879~1910) 의사가 이토 히로부미(伊藤博文, 1841~1909)를 저격한 것은 공세적 용기다. 공세적 용기에는 언제나 분노가 추동력(impetus)이 된다는 특징이 있다.

폭력에 폭력으로 맞서는 것은 보복의 악순환을 초래하기에 아퀴나스는 군인의 공세적 용기보다 순교자의 수세적 용기가 훨씬 더 거룩하고 고상한 용기라고 말한다. 군인은 살상 무기로 싸우지만, 순교자는 폭력 앞에서 믿음과 인내와 사랑으로 싸운다. 박해하는 원수를 동일한 방법으로 보복하지 않고 사랑과 용서로 죽기까지 견뎌낸다. '지고 선'(the greatest good)이신 하나님을 얻고자 죽음이라는 가장 무서운 악에 사랑과 용서로 맞서는 순교자의 용기야말로 가장 이타적이고 가장 고상한 용기가 틀림없다.

군인의 공격하는 용기는 악랄한 범죄에 찌든 악한들과 맞서 싸우는 로봇 경찰 로보캅(RoboCop)의 이미지가 연상된다. 견뎌내는 용기는 자식을 위해서 그 어떤 희생도 마다하지 않는 늙은 어머니가 연상된다. 눈 내리고 추운 한겨울에 노점상을 차리고 호호 언 손을 불며 물건을 파는 어머니. 단속반이 나타날 때마다 부리나케 물건을 챙겨 달아나는 어머니. 자식 하나만 잘 되면 그만이라는 생각으로 어떤 시련과 역경도 참아내는 어머니는 그 누구보다도 용감하다. 참아내는 용기를 가진 순교자는 끈질기게 견디고 희생하는 어머니 이미지와 잘 어울린다.

## 무모와 비겁을 넘어서

덕은 지나치지도 않고 모자라지도 않는, 과잉과 결핍 양극단 사이의 알맞은 상태다. 그렇다면 용기가 지나친 것은 '만용'(temerity) 혹은 '무모함'(recklessness)이고, 용기가 모자라면 '비겁함'(cowardice) 혹은 '소심함'(timidity)이다. 무모함과 비겁함이라는 양극단에 빠지는 일차 이유는 현실에 대한 충분한 심사숙고가 부족하기 때문이다. 지덕이 작동하지 않기에 정말 두려워해야 할 것을 무시해서 자신감이 과해질 때 무모해지고, 두려워할 것을 지나치게 두려워해서 몸을 사릴 때 비겁해진다.

COVID-19를 지나치게 무시하고 전혀 두려워하지 않는다면, 용기가 있는 것이 아니라 무모한 것이다. 반대로 코로나를 지나치게 무서워한다면, 겁쟁이다. 코로나라는 위험에 꼭 두려워할 만큼 두려워하면서 대비할 때 용기가 있는 것이다. 결국 무모함은 두려운 현실을 과소평가한 나머지 오판하고 대책 없이 위험에 뛰어들기에 문제이고, 비겁함은 두려운 현실을 과대평가한 나머지 미리 잔뜩 겁을 먹고 도피하기에 문제다.

이스라엘 백성이 가나안 땅을 정벌하면서 딱 한 번 패한 전투는 "아이성 전투"다(수 7:1-12). 난공불락難攻不落의 여리고 성도 무너뜨렸는데, 가장 작은 성이라고 얕잡아 본 아이 성에서 어이없는 실패의 쓴잔을 마셨다. 복잡한 이유가 있지만, '아이성'이라는 위험부담에 두려워해야 할 만큼의 두려움을 갖지 않고 교만하고 방심한 것이 결정적 패인이다. 여호수아가 아이 성에 정탐꾼들을 보냈지만, 이들의 보고는 적을 얕보는 엉터리 보고였다.

그들이 여호수아에게 돌아와서 이렇게 말하였다. "모든

백성을 다 올라가게 할 필요가 없을 것 같습니다. 이천 명이나 삼천 명만 올라가도 아이 성을 칠 수 있습니다. 모든 백성이 그 성을 치느라고 다 수고할 필요가 없을 것 같습니다. 성 안에 있는 사람들의 수가 얼마 되지 않습니다"(수 7:3).

아이 성 주민이 소수이기에 이스라엘 군대가 다 올라 갈 필요가 없다는 것이다. 2~3천 명만 올라가도 이길 수 있다고 허황된 주장을 한다. 나중에 알고 보니 아이성에는 1만 2천 명 정도의 주민이 살고 있었다(수 8:25). 여리고 전투에서 승리했다는 사실로 기고만장氣高萬丈해서 마땅히 두려워할 만큼 두려워하지 않게 되자 만용과 무모함에 빠져 어이없이 일격을 당했던 것이다.

반대로 위험 요소를 지나치게 과장해서 잔뜩 겁을 먹을 때 비겁해질 수 있다. 갑자기 찾아온 기근으로 아브라함은 이집트 땅으로 일시 피난을 떠난 적이 있다. 바로가 사라에게 모종의 흑심을 품기도 전에 아브라함은 제풀에 놀라서 걱정을 사서 한다.

여보, 나는 당신이 얼마나 아리따운 여인인가를 잘 알고 있소. 이집트 사람들이 당신을 보고서, 당신이 나의 아내라는 것을 알면, 나는 죽이고 당신은 살릴 것이오. 그러니까 당신은 나의 누이라고 하시오. 그렇게 하여야, 내가 당신 덕분에 대접을 잘 받고, 또 당신 덕분에 이 목숨도 부지할 수 있을 거요(창 12:12b-13).

자신이 사라의 남편이라는 사실이 들통나면 바로가 자기를 죽일 수도 있기에 사라를 누이동생이라고 속여 선제 조치를 하자는 제안이다. 나중에 진실을 안 바로가 아브라함을 꾸짖기만 할 뿐, 어떤 보복도 하지 않는다. 그러기에 아브라함은 위험 부담에 지나치게 겁을 먹고 용기가 모자라는 처신을 했던 것이다. 진정한 용기는 현실을 정확하게 평가해서 꼭 두려워해야 할 만큼 두려워하면서 현실에 뛰어드는 자세다.

용기에는 어떤 어려움도 극복할 수 있는 '큰 영혼'(great soul/magnanimity)과 어떤 지출과 희생도 마다하지 않으려는 '활수活手', 즉 '큰 마음'(great heart/magnificence)

이 동시에 필요하다. 전자는 교만과 허영심을 버리고 소인배가 아닌 군자君子의 바다와 같이 넓은 도량으로 나서야 한다는 뜻이고, 후자는 쩨쩨하거나 인색하지 않고, 지나치게 낭비하지 않으면서 육체적 희생이든 경제적 희생이든 어떤 희생도 치르겠다는 '후함'이 있어야 한다는 뜻이다.

용기라는 어미 덕에서 파생하는 가장 중요한 두 새끼 덕은 '인내'(patience)와 '끈기'(perseverance)다. 전자는 어떤 일을 할 때 순간순간 잘 참아내고 기다리며, 고난이 찾아와도 불평하거나 포기하지 않는 꿋꿋한 태도를 말한다. 후자는 선하고 옳은 행동이라고 믿고 뛰어든 일이 쉽게 끝나지 않고 예측하지 못한 온갖 난관이 기다린다고 할지라도 의의 최후 승리를 믿으며 '끝까지 버티는 강단과 지구력'을 말한다. 우리말 '끈기'에 상응하는 덕이다.

예수께서 십자가를 지셨을 때 '용덕'의 실체가 고스란히 드러났다. 예수님은 조롱과 폭력에 동일한 방법으로 보복하시지 않았다. 용서와 사랑과 인내로 부당한 고난을 견뎌내셨다. 목숨을 걸고 분노로 맞서 싸우는 공세적

용기보다 속으로 삭이며 악과 불의와 폭력을 용서와 사랑
으로 견뎌내는 용기가 훨씬 더 어려우면서도 거룩하고
고상하다.

— 3부 —

신
학
적

덕
德

내가 알기에는 나의 대속자가 살아 계시니 마침내 그가
땅 위에 서실 것이라 내 가죽이 벗김을 당한 뒤에도 내가
육체 밖에서 하나님을 보리라(욥 19:25-26).

**5장**

# 신학적 덕德을 향하여

## 피조성과 죄성의 한계에 직면한 자연 덕

지금까지 사추덕을 집중적으로 고찰했다. 지덕과 의
덕과 절덕과 용덕은 어미 덕이다. 이 덕들로부터 다양한
새끼 덕이 파생한다. 지덕에서 유래하는 새끼 덕은 기민함
(shrewdness), 용의주도함(circumspection), 조심성(cau-
tion), 심사숙고(deliberation), 판단력(judgment) 등이다. 의
덕이 낳는 새끼 덕들에는 성실(integrity), 성의(sincerity), 감
사(gratitude), 경외(reverence), 상냥함 (affability), 공평
(equity), 공정(fairness), 관후(liberality), 애국심(patriotism)
등이 있다. 절덕이 낳는 새끼 덕은 금욕(abstinence), 절주

(sobriety), 순결(chastity), 자제(continence), 겸손(humility), 온유(meekness), 관용(clemency), 얌전함(modesty), 검소(frugality), 단순 소박함(simplicity) 등이다. 용덕에서 파생하는 덕들은 넓은 도량(magnanimity), 후함(magnificence), 인내(patience), 끈기(perseverance) 등이다.

새끼 덕들이 어떻게 각자의 어미 덕들과 연관되는지를 설명하려면 많은 지면이 필요하다. 사추덕과 이에 딸린 부수적인 덕들을 꾸준히 반복 실천함으로써 이 덕들이 자연스럽고 지속적인 인격 성향으로 자리를 잡을 때 우리는 '훌륭한 삶'(good life)을 살 수 있다. 악덕을 행사하는 사람보다 미덕을 행사하는 사람이 훨씬 더 고상하고 매력적인 것은 부인할 수 없는 진실이다.

이런 대전제를 놓고 볼 때 그리스도인도 예외는 아니다. 그리스도인 역시 어려서부터 사추덕과 사추덕에 딸린 제반 덕을 꾸준히 습성화(habituation)해서 습득(acquire)해야 한다. 하지만 사추덕을 비롯한 모든 덕을 실행에 옮기려고 할 때 크나큰 장애물이 떡하니 버티고 있다. 피조물로서의 인간의 '한계성'(limitation)과 아담 이래 모든 인류의 심성 깊은 곳에 뿌리박힌 '죄성'(sinfulness)이다.

어떤 사람이 제아무리 지혜롭고 자제력이 뛰어나고 용기가 가상하고 정의롭다고 할지라도 때때로 그 동기와 목적이 그릇된 방향으로 흐를 수 있다. 이런 덕들은 자동차 운전 기술을 익히거나 아침에 일어나 세수하고 칫솔질하듯이 습관적 반복만으로는 올바로 익힐 수 없다는 데 문제가 있다. 인간이 떠안고 있는 태생적 한계성 때문에 노력만으로 습득할 수 없고 완수할 수 없다는 것이다.

어떤 일을 행하는 것이 선하고 의롭다는 사실을 잘 알아도 언제나 아는 만큼 행동이 따라붙는 것은 아니다. 식자우환識字憂患이라는 말처럼 아는 만큼 행동으로 연결되지 않기에 아는 것이 오히려 근심을 사게 할 때가 있다. 사람들이 지켜볼 때 내가 하는 행위와 아무도 보지 않을 때 내가 홀로 하는 행위에는 괴리(乖離/gap)가 있다.

인간이면 누구도 피할 수 없는 원죄의 숙명 때문에 빼어난 덕이 요한일서 2:16이 지적한 그대로 '육신의 정욕'(the desire of the flesh)과 '안목의 정욕'(the lust of the eyes)과 '이생의 자랑'(the pride of life)에 휘둘릴 수 있다. 겉으로 훌륭한 미덕을 갖춘 것처럼 보이는 인사가 다른 사람들을 조종하고 지배하기 위한 도구로서 그 '가장된 덕'을 악용하는 사례도 흔히 볼 수 있다. 노동자의 권익을 위해서 투쟁한다는 노조 위원장이 겉으로는 용기 있고 정의롭게 보였는데, 실제로는 자기 잇속만 차리는 귀족 노조로 변질하는 경우다. 인내와 친절과 같은 미덕도 극한 시련이 찾아올 때 끝까지 견디지 못하고 시들어버릴 수 있다. 악화될 경우, 타인을 위한다는 구실로 자기 만족이나 자기 성취 혹은 자기 자랑으로 끝날 수도 있다.

이처럼 지덕과 의덕과 절덕과 용덕이라는 사추덕은 하나님의 은혜 없이 사람의 노력과 성취로 국한될 때 흔히 자기 만족이나 사리私利 추구, 자기 영광으로 귀결될 때가 많다. 인간의 노력으로 체득하는 자연 덕은 집요하게 '자기 사랑'(self-love)으로 빠져드는 인간의 죄성 때문에 충분히 실현되거나 완전해질 수 없다.

## 자연 덕에서 초자연적 덕으로

진정으로 가치 있고 행복한 삶이 우리를 지으신 하나님과 연합해서 교제하는 데 있다면, 우리의 노력으로 사추덕과 같은 자연 덕을 다 갖추었다고 할지라도 그것만으로는 역부족이다. 하나님의 초월적 은혜가 필요하다. 인간 스스로의 힘으로 '피조성'과 '죄성'을 넘어설 수 없기에 노력으로 얻어진 자연 덕이 완전해질 수 없다는 곤궁(quandary)에 빠질 때, 기쁜 소식이 있다. 하나님이 이 땅에 인간의 몸을 입고 오셨다는 '복음'이다. 참 하나님이시며 참 인간이신 예수께서 십자가를 지심으로써 우리의 죄가 심판받는 동시에 사죄함을 받게 되었으며, 부활하심으로써 죄와 죽음을 이겨내는 길이 열렸다.

우리는 예수님 안에서 예수님을 통해서 예수님과 함께 자기 사랑으로 빠질 수 있는 '자연 덕(인공 덕)을 하나님 사랑과 이웃 사랑으로 재정향(再定向/reorientation)할 수 있다. 육신의 정욕과 안목의 정욕과 이생의 자랑에 물든 인간의 자기 사랑에서 하나님 사랑과 이웃 사랑으로 전환

시키는 덕이 있다. 이 덕은 인간이 노력해서 획득하고 성취하는 덕이 아니라, 하나님이 주시는 은총의 선물이다. 이런 덕을 '신학적 덕'(theological virtue), '초자연적 덕'(supernatural virtue), '영적인 덕'(spiritual virtue)이라고 부른다.

사추덕을 비롯해서 인간이 지속적 버릇을 통해 체득할 수 있는 덕을 '자연 덕'이라고 한다면, 고린도전서 13:13의 '믿음'(faith)과 '소망'(hope)과 '사랑'(love)은 하나님이 주신 덕들로서 다른 자연 덕들로 하여금 이기적 자기 중심성(self-centeredness)에서 벗어나 하나님 사랑과 이웃 사랑으로 향하게 만드는 덕들이다. '신망애信望愛'의 초자연 덕은 자연 덕의 방향과 목표를 바로 잡아줌으로써 완전하게 해주는 덕이다.

지덕이 자연 덕으로 머무를 경우, 곤란한 일을 만날 때마다 슬기롭고 신중하게 행동하도록 이끌어 주는 것으로 그치지만, 신학적 덕에 의해서 올바로 인도함을 받게 될 때 하나님 사랑과 이웃 사랑이라는 훨씬 더 높은 차원의 '선'을 분별하는 '은총의 지덕'으로 승화된다. 신학적 덕은 윤리 행위의 궁극 목표가 되는 훌륭함(善性/goodness)과 '행복'의 의미를 재평가해서 올바른 방향으로 이끌어 주는 역할을 한다. 하나님과 올바른 관계를 맺을 뿐 아니라 '하나님의 형상'(Imago Dei)대로 지음받은 이웃과도 올바른 관계를 맺기 위해서 초자연적이고 영적인 신학적 덕이 필요하다. 결국 신학적 덕은 모든 자연 덕을 견고하게 만들고 완성한다는 점에서 "기독교적 사추덕"이다.

## 신학적 덕 = 주입된 덕

아퀴나스는 플라톤이나 아리스토텔레스와 같은 철학자들에게서 배운 자연 덕들을 기독교인의 삼보(三寶/three gems)인 믿음, 소망, 사랑과 통합한다. 신망애는 하나님께서 우리 심령에 '부어주시는'(pour into) 덕이라는 의미에서 '주입된 덕'(infused virtues)이다. 사추덕과 같은 자연 덕이 인간이 꾸준히 노력하고 습성화해서 인위적으로 형성할 수 있는 덕이라고 한다면, 신학적 덕은 사람의 힘으로 얻을 수 없고 하나님이 성령을 통해 우리의 심령에 쏟아부어 주셔야지만 가능하기에 '주입된 덕'인 것이다.

'절덕'은 우리의 결심과 노력으로 꾸준히 반복하다 보면 저절로 생성되지만, '믿음'은 하나님을 믿기로 결심하고 노력한다고 해서 저절로 생성되지 않는다. 용기와 친절, 정직 등등의 자연적 덕은 우리의 결심과 선택, 반복적인 습성화 과정을 통해서 체득할 수 있지만, 믿음과 소망과 사랑은 먼저 하나님의 은혜가 우리 안에 침투해서 작동할 때만 찾아온다. 아퀴나스가 아우구스티누스를 빌려서 말한 것처럼 신학적 덕은 "하나님께서 우리 없이도 우리 안에서 일으키시는"(God works in us, without us) 덕이라는 점에서 하나님께서 우리 심령 안에 주입하시는 덕이다.

아리스토텔레스가 주장하는 미덕이 '과잉'과 '결핍'이라는 양극단의 악덕을 피해 정 가운데 알맞은 상태, 즉 '중용'이라고 한다면, 신학적 덕에는 '중용의 가치'가 적용될 수 없다. '신망애'는 궁극적으로 하나님을 향하기에 지나치게 많이 가져도 문제가 될 수 없다. 용기가 비겁과

대칭을 이루어 중간 지점을 탐색하듯이, 소망도 절망과 짝을 이루어 그 중간 지점을 찾아야 한다고 생각하지만, 하나님에 대한 소망은 지나칠수록 좋다. 따라서 믿음 · 소망 · 사랑 셋이 모자라면 덕이 안 되지만, 넘치는 것은 악이 될 수 없다. 저 사람은 "믿음이 너무 좋아서 탈이야", "소망이 너무 절절해서 문제야", "사랑이 너무 깊어서 병이야"라고 말할 수 없다. 사추덕 가운데 유독 '지덕'이 그렇듯이 신학적 덕은 모자라서 탈이지, 넘쳐서 문제가 되는 법은 없다.

"하나님과 올바른 관계 맺기"라는 그리스도인의 궁극 목표에 도달하려면, 이제 사추덕과 같은 자연 덕은 신학적 덕의 빛에 의해서 새로이 해석되고 적용되어야만 한다. '절제'가 인간의 식욕이나 성욕과 같은 본능 욕구를 억제해서 건강하고 균형 잡힌 삶을 살도록 도와주지만, 그리스도인이 '금식'을 하거나 '독신 서약'을 할 때 절덕이 이 거룩한 목적에 맞게 재해석되어 적용되어야 한다. 이처럼 사추덕과 여기에서 파생되는 제반 덕은 하나님이 선물로 부어주시는 신학적 덕에 의해서 올바로 지도받고

재조정되어야만 한다.

신학적 덕은 모든 자연 덕을 위축하거나 폐기하지 않는다. 이기주의와 자기 영광으로 흐를 수 있는 자연 덕의 방향과 목표를 바로 이끌어 하나님과 연합하고 교제함으로써 얻게 되는 '최고 선'으로 향하도록 도와줄 뿐이다. 그러므로 신학적 덕이 하나님이 주시는 선물이요 우리 심령 안에 주입되는 영적인 덕이라고 해서 우리 편에서 아무것도 하지 말라는 것이 아니다. 감나무 아래 누워서 입을 벌리고 감이 떨어지기를 기다리는 것처럼 수동적 자세로 일관하라는 뜻이 아니다. '성화'의 과정이 하나님이 우리 안에서 우리와 함께 우리를 통해서 하시는 일에 우리 쪽에서 적극적으로 참여하고 협조하는 과정이 듯이, 신학적 덕도 하나님의 은혜로 촉발되는 초월적인 덕이 틀림없지만 다른 자연 덕과 마찬가지로 우리 편에서 끊임없이 보듬어 안고 꾸준히 길러내야 할 덕이다.

## 신학적 덕의 함양을 위하여

기독교가 말하는 '믿음'은 '지식'(knowledge)보다 열등하지 않다. "친구가 나를 배신하지 않을 것이다"와 같은 막연한 믿음이 아니다. 이발사가 면도할 때 시퍼런 면도칼로 내 멱을 따지 않을 것이라고 믿는 것과는 차원이 다르다. 진정한 믿음은 하나님께서 세상 만물을 다스리신다고 믿으면서 세상에 있는 어떤 대상을 하나님 자리에 올려놓는 일체의 우상숭배에 저항하는 것이다.

'소망'은 "작년에 내가 열심히 일했으니 올해 연봉이 올라갈 것"을 바라는 것과 같은 세속적 기대가 아니다. 세상의 보이는 영역을 넘어 보이지 않는 영원한 생명의 세계가 있음을 바람으로써 현세적인 허무의 심연을 뛰어넘는 거룩한 모험이다.

'사랑'은 "불쌍한 사람을 구제하고 자선 사업을 하는 정도의 박애 정신"이 아니다. 하나님과 연합해서 하나님과 교제함으로써 위로 하나님을 사랑하고 아래로 하나님의 형상대로 지음 받은 이웃을 내 몸처럼 사랑하는 차원의

아가페 사랑이다.

신학적이고 영적인 미덕으로서의 믿음·소망·사랑은 인간적이고 세속적인 차원의 믿음·소망·사랑을 거룩하고 신적인 차원으로 변형하고 승화시킨다.

'믿음'이라는 덕이 원하고 노력한다고 해서 생기는 것은 아니고, 성령의 도우심으로, 하나님이 살아 계실 뿐 아니라 우주 만물을 창조하시고 보존하시고 완성하실 것이라는 사실을 믿게 될 때 생긴다. 그리고 이 믿음을 잘 간직하고 더 성숙한 믿음으로 연마해서 안정되고 지속적인 성향이 되게 해야 한다. 그리하여야 일이 잘 풀릴 때만 하나님을 믿고, 문제와 역경을 만나면 마구 흔들리는 불안정한 믿음이 되지 않을 것이다. '소망'과 '사랑'도 마찬가지다. 바랄 수 없는 중에도 바라는 한결같은 소망에 도달하려면 하나님이 부어주시는 소망의 은총에 적극적으로 참여해서 꾸준히 연마해야 한다. 그리할 때 요셉이나 바울처럼 모든 소망이 끊어진 가운데도 여전히 하나님이 하시는 일을 바라보며, 참고 기다리는 불요불굴의 소망으로 다져지게 된다. 사랑도 사랑하기에 좋은 여건에서만 사랑하는 것이 아니라 하나님이 부어주신 사랑의 미덕을 마음 깊이 끌어안고 부단히 육성해서 원수까지 사랑하는 한결같은 사랑으로 발전시켜야 한다.

　신학적 덕의 함양을 위해서 교회 공동체 안에서 일어나는 다양한 영성 훈련이 필요하다. 예배와 기도와 금식과 성례전과 교제와 구제 등등의 영적 훈련이 신학적 덕의 근육을 탄탄하게 다져줄 수 있다.

# 6장

# 믿음

믿음은 바라는 것들의 실상이요 보이지 않는 것들의 증거니 선진들이 이로써 증거를 얻었느니라 믿음으로 모든 세계가 하나님의 말씀으로 지어진 줄을 우리가 아나니 보이는 것은 나타난 것으로 말미암아 된 것이 아니니라(히 11:1-3).

## 덕의 조화와 일치

좋은 성품은 모자이크와 같다. 모자이크는 다양한 크기와 모양, 가지가지 색깔을 가진 돌이나 유리, 금속, 타일 등등의 재료를 조각조각 붙여서 아름다운 무늬를 만들어낸다. 또 성품도 모자이크와 같아서 다양한 미덕이 한데 모아져 누구와 비교할 수 없고 누구도 흉내 낼 수 없는 '나'(self)라는 특별한 존재가 만들어진다. 지덕과 의덕과 절덕과 용덕이라는 사추덕은 어느 것 하나 빠뜨릴 수 없을 만큼 인격을 형성하는 데 중요하다. 모자이크에서 어느 한 조각이 빠지면 보기가 흉하듯이, 훌륭한 인성을 갖추는 데 사추덕은 다 필요하다.

사람마다 타고난 천성이 다르고 자라난 환경이 다르기에 한 덕은 빼어난데 다른 덕은 모자랄 수 있다.

마르틴 루터 킹 주니어는 용기와 정의에 따라갈 사람이 없을 정도로 대단한 투사다. 그러나 그의 사생활은 몹시 문란했다. 나치 시대에 수많은 유대인을 구출해낸 오스카 쉰들러(Oskar Schindler, 1908~1974)는 죽음의 문턱에 선 수많은 유대인을 구해낸 영웅이지만, 도덕성은 흠결투성이었다. 알코올 중독자요, 노름꾼이요, 호색한이요, 허영심으로 가득 차 있었다.

이처럼 특별한 위인을 제외하고 대부분의 보통 사람은 어떤 미덕은 뛰어난데 다른 미덕은 모자랄 때가 많다. 인간의 태생적 약점과 심령 깊은 곳에 똬리를 틀고 있는 죄성 때문에 눈부신 미덕을 지니고 있음에도 종종 실수하고 무너질 때가 있다. 노아, 아브라함, 모세, 다윗, 베드로, 바울과 같은 이들은 대단한 영웅들이지만, 일생 내내 크고 작은 실수와 실패를 반복했다.

미덕은 어려서부터 반복해서 실천하다 보니 제2의 천성으로 고착되기에 한 번 실수한다고 해서 영영 사라지는 것이 아니다. 유리컵의 본성이 언제 어느 때나 '부서지기 쉬움'에 있듯이, 미덕 역시 성품의 일부가 될 때 언제 어디에서나 표출될 잠재성으로 대기 상태에 있다. 잠자는 사이에도 미덕은 우리를 떠나지 않는다. 심신이 피곤하다든지 정보가 부족하든지 해서 일시적으로 상황 판단을 잘못한 나머지 인격에 잠복해 있는 미덕이 작동하지 않을 때도 있지만, 그렇다고 해서 하나의 기질과 성향으로 자리잡은 미덕이 영영 사라지는 것은 아니다.

다양한 미덕을 두루 갖추어 인품이 훌륭한 사람도 순간적으로 실수할 수 있다. 보통 사람은 대부분 미덕뿐만 아니라 악덕도 함께 갖고 있으므로 한 가지 악덕이 다른 미덕을 방해할 때가 있다. 남을 잘 도와주는 관대한 성품의 사람이 냉소적인 악덕도 함께 갖고 있을 때 이 악덕 때문에 어려운 사람을 돕는 일에 난항을 겪을 수 있다.

인격에 다양한 미덕이 뿌리를 내리기는 했지만, 골고루 균형을 이루지 못하고 들쭉날쭉 어떤 덕은 빼어나고 어떤 덕은 모자랄 수 있다. 사람마다 정도와 비율에 차이가 있지만, 미덕과 악덕이 성품 안에 적당히 뒤섞여 서로 충돌하다 보면 악덕의 방해로 미덕이 충분히 발현되지 못할 수 있다.

이런 이유로 다양한 덕을 조화롭게 통합하는 문제는 훌륭한 성품의 인격자로 성장해 나가기 위해서 매우 긴요하다. 그러나 미덕을 방해하고 좌절시키는 악덕을 견제하고 제거하는 일도 그 못지않게 중요하다. 우리 성품에 다양한 덕이 균형을 잡아 통일되고, 미덕이 악덕을 제어 하기 위해서는 하나님의 은혜가 필요하다. 인위적으로 노력해서 체득한 자연 덕만으로는 안 되고, 하나님의 초자연적 개입이 필요하다.

## 하나님의 본성에 참여하기

덕들의 우두머리 격인 사추덕을 구비했다고 할지라 도 하나님의 은혜로운 간섭이 없을 경우, 자연 덕은 '자기 사랑'이나 '자기 영광'으로 흐를 수 있다. 따라서 어려서부 터 꾸준한 반복 실천을 통해 습득한 사추덕을 비롯한 모든 자연 덕을 올바른 방향, 즉 인생의 궁극 목표인 하나 님과의 '연합'(union)과 '교제'(fellowship)로 이끌 수 있는 초자연적 덕이 필요한데, 믿음과 소망과 사랑이 그런 덕이다.

신학적 덕이 하나님이 선물로 쏟아부어 주시는 덕이 라고 하니까, 우리 편에서 허수아비처럼 아무것도 할 필요가 없다고 오해할 수 있다. 인간은 생물 세계에서 유일하게 하나님을 닮은 피조물이다. 하나님의 형상대로 지음 받아서 하나님의 본성을 공유하는 존재다. 돌고래나 침팬지가 제아무리 영리해도 하나님을 닮지 않았기에 하나님의 본성에 참여할 수 없다. 하나님을 믿거나 예배할 수 없다. 오직 인간만이 이성과 영성으로 하나님의 본성에 참여할 수 있다.

믿음과 소망과 사랑은 하나님께서 먼저 우리 안에 들어오셔서 은혜의 불을 당겨주셔야만 점화될 수 있다. 그러나 그렇다고 해서 우리가 하릴없이 수동 상태로 있어야 하는 것은 아니다. 하나님께서 우리 안에 촉발시키는 믿음과 소망과 사랑에 응답해야 한다. 하나님이 하시는 일에 '참여'(partaking/participating)해야 한다. 돌고래나 침팬지와 같은 동물은 이런 '신적 본성'에 참여하는 것이 불가능하다. 하나님의 본성을 공유하는 피조물이 아니기 때문이다.

아퀴나스가 든 비유를 연상하면 쉽게 이해가 된다. 나무는 스스로 불이 붙을 수 없지만, 불이 붙을 수 있는 자연 본성을 지녔다. 돌멩이나 쇠붙이는 불에 탈 수 있는 본성이 없다. 그러므로 누군가 나무에 불을 붙여준다면 활활 탈 수 있다. 나무에는 불이 붙을 수 있는 본성이 있는데, 이 본성은 '잠재력'일 뿐 스스로 실현할 수 없다.

누군가 나무에 불을 붙여주어 연소할 때 나무는 '불'의 본성에 참여한다. 스펀지는 스스로 물에 젖을 수 없지만, 수분을 빨아들일 수 있는 본성을 가졌다. 유리나 강철에는 물을 흡수하는 본성이 없다. 누군가 스펀지에 물을 뿌릴 경우 흠뻑 물에 젖는다. 물을 머금은 스펀지는 '물'의 본성에 참여한다. 도토리 그 자체는 아직 상수리나무가 아니지만, 장차 상수리나무가 될 수 있는 본성 혹은 잠재력이 있기에 도토리가 상수리나무로 자라나간다면, 도토리는 '상수리나무'에 참여하는 것이 된다.

이런 이치로 우리 역시 스스로의 힘으로는 하나님을 믿고 바라고 사랑할 수 없지만, 선천적으로 하나님의 본성을 공유하고 있기에 먼저 하나님께서 성령으로 역사하시면 하나님을 믿고 소망하고 사랑하게 된다. 하나님의 은혜 없이 우리는 거룩하지 않고 거룩해질 수도 없지만, 하나님의 은혜가 들어올 때는 거룩해질 수 있다. 하나님의 거룩하신 본성에 참여할 수 있다.

## 신학적 덕으로서의 믿음

자연 덕만으로는 존재의 기원이자 최종 목표가 되시는 하나님과 연합하고 교제할 수 없으므로 하나님이 우리 심령에 선물로 쏟아부어 주시는 초자연적 덕이 필요한데, 그 첫 번째 덕이 '믿음'이다.

진정한 믿음은 아무거나 무턱대고 쉽게 믿는 '경신성'(輕信性/gullibility)이나 거짓 대상을 믿는 '미신'(迷信/super-stition)과 다르다. 옳을 수도 있고 틀릴 수도 있는 '견해'(opinion)와도 다르다. 눈으로 보고 손으로 만져보아서 이성과 경험이 사실이라고 확증해주는 '지식'(knowledge)과도 다르다. 어떤 대상이 참이라고 아는 것이 아니라 참이라고 믿는 것을 의미하는 '신념'(belief)과도 다르다(지식이 객관적 증거에 근거해 무조건 참이라는 사실을 아는 것이라고 한다면, 신념은 어떤 대상이 참일 것이라고 주관적으로 믿는 차원이다).

그렇다면 기독교가 말하는 '믿음'은 어떤 것일까?

아퀴나스에 따르면 신학적 덕으로서의 믿음은 일차적으로 '하나님에 대한 믿음'이지만, 하나님에 대한 모든 믿음이 진정한 믿음은 아니다. 거짓된 사실을 믿는 것은 믿음이 아닌데, 하나님이 악하고 무능하다고 믿는 것은 믿음이 아니다. 참된 것을 믿는다고 하면서 그것이 참이 아니었으면 좋겠다고 바라는 것도 믿음이 아니다. 하나님이 계신다는 사실을 믿으면서도 차라지 존재하지 않았으면 좋겠다고 바라는 것은 믿음이 아니다. 어떤 것이 사실로 입증되었다는 사실로 그 증거에 근거해 믿는 것도 참된 믿음은 아니다. 철학적 신 존재 증명을 통해서만 하나님이 계시다는 사실을 믿으려고 한다면, 믿음의 입문은 될 수 있지만 진정한 믿음은 아니다.

신학적 덕으로서의 믿음은 창조주 하나님이 살아 계신다는 사실에 대한 믿음과 허다한 증인의 목격담에 근거한 예수님의 부활에 대한 믿음뿐만 아니라, 천국에서 하나님을 친히 뵙게 될, 우리 경험과 확증의 영역 바깥에

놓여 있는 것조차 믿을 수 있는 믿음을 말한다.

진정한 믿음이 하나의 덕이라고 한다면, 모든 덕이 꾸준한 반복 행위를 거친 습성화를 통해 지속적인 성품으로 고착되듯이, 믿음 역시 온갖 불신앙을 부채질하는 변화무쌍한 세상 한가운데에서도 끝까지 믿을 수 있는 '성품 특질'(character trait)이다. 세상에 반대되는 증거가 아무리 많더라도 궁극적으로 착한 사람이 승리하고 행복할 것이라는 사실을 끈질기게 믿는 것처럼, 세상에 하나님의 존재와 하나님의 역사하심에 상충하는 증거가 차고 넘친다고 할지라도 끝까지 '상습적으로'(habitually) 믿는 상태가 진짜 믿음이다.

## 믿음 = 바라는 것들의 실상 + 보이지 않는 것들의 증거

히브리서 11:1-2은 '믿음'(πίστις/피스티스)이 어떤 것인지 믿음의 본질을 제시한다.

| 개역<br>개정 | 믿음은 바라는 것들의 실상이요 보이지 않는 것들의<br>증거니 선진들이 이로써 증거를 얻었느니라. |
|---|---|
| NRSV | Now faith is the assurance of things hoped for, the conviction of things not seen. Indeed, by faith our ancestors received approval. |
| KJV | Now faith is the substance of things hoped for, the evidence of things not seen. For by it the elders obtained a good report. |

1절의 두 가지 핵심어는 '실상'(새번역에서는 '확신')과 '증거'(확증)다. 믿음은 '바라는 것들의 실상(확신)'인 동시에 '보이지 않는 것들의 증거(확증)'다. 실상은 헬라어로 ὑπόστασις(휘포스타시스)인데, 본뜻은 "아래에 두다"이다. 휘포스타시스는 이 본뜻에서부터 '기초', '본질', '실체', '실상', '확신' 등의 의미가 파생했다. 여기에서의 휘포스-타시스는 객관적 개념인 '실체'(실상)도 될 수 있고, 주관적 개념인 '확신'도 될 수 있기에, 믿음은 믿음의 대상이 되는 **객관적 실체**와 그 대상에 대한 주관적 확신 두 차원을 다 포함한다.

'실체'로 번역할 경우, 휘포스타시스는 우리가 바라는

것이 확실한 **실체**로 주어질 것을 확신하는 것이다. 바라는 것이 현실적인 '실상'으로 이루어질 것을 믿는다는 것이다. 믿음의 대상이 강조된다. 휘포스타시스의 주관적 의미를 강조해 '확신'으로 번역할 경우, 믿음은 지금 바라는 것들이 장차 이루어질 것을 **확신하는** 마음과 자세로 풀이할 수 있다. 믿음을 가진 주체가 강조된다. 진정한 믿음은 언제나 바라는 것, 즉 '소망'과 직결된다. 하나님이 미래에 하실 일을 지금 여기에서 확실한 **실체**(실상)로서 **내적으로 확신하는** 것이 믿음이라는 것이다.

'확증'은 헬라어로 ἔλεγχος(엘렝코스)인데, '밝혀내다', '폭로하다', '입증하다'라는 동사 ἐλέγχω(엘렝코)에서 유래했다. 엘렝코스는 어떤 것이 참인지 거짓인지를 '입증하는 것'(verification)으로 풀이할 수 있다. 그러므로 ἔλεγχος에는 어떤 것이 진리로 입증되는 결과가 강조되는데, 히브리서 기자는 '보이지 않는 것들'이 믿음으로 확증된다고 말씀한다. 보이지 않는 것들은 하나님을 비롯한 초자연적 세계와 미래에 일어날 미지의 영역 일체를 포함한다. 그렇다면 믿음은 하나님이 현재와 미래에 하실 숨겨진 일을 지금 여기에서 믿음으로써 증거하는 확신이다. 눈에 보이지 않지만 세상만사가 하나님이 하시는 일임을 믿음으로써 증거한다는 말이다.

창세기 15장에는 아브라함이 믿음으로 의롭게 되었다는 사실이 나온다. 아브라함과 사라에게 그 어떤 후사의 조짐도 보이지 않았을 때 하나님은 장차 아브라함의 후손이 하늘의 별처럼 많아질 것이라고 약속하신다(5절). 이때 아브라함은 히브리서 11:1의 말씀 그대로 "바라는 것들을 하나의 **실체로 확신**"했다. "보이지 않는 것들도 하나님을 믿음으로써 **증거하고 확신**"했다. 그 결과 아브라함은 율법이 오기도 전에 하나님이 하실 일을 믿고 바람으로써 하나님으로부터 의롭다는 인정을 받았다(롬 4:3).

### 습성이 아닌 진지함으로

미덕을 습성화의 산물이라고 할 때 주의할 점이 하나 있다. 이런 '습성'(habitus)은 손가락을 물어뜯는 식의 무의식적 습관이 아니다. 자동차 정비공이나 외과 의사가 익숙하게 손을 놀리는 식의 기능적이고 기술적인 습성도 아니다. 미덕은 한 사람의 인격 전체가 걸린 도덕 '성향'(inclination)이요, '기질'(disposition)이다. 오랜 연륜과 탁월한 실력을 갖춘 건축가가 훌륭한 설계 도면을 제작해 최고의 건축물을 만들어낼 때 이것은 직업적 습성의 결과물이 아니다. 그의 건축 철학과 예술혼, 기술, 도덕성 등 영혼 전체가 어우러져 빚어낸 작품이다. 그러므로 그가 만들어낸 건축물은 그의 분신과도 같다.

마찬가지로 미덕이 오랜 습성의 결과로 빚어진다고 해서 무의식적이고 무감각한 습성으로 여기는 것은 큰 오산이다. '믿음'이라는 덕도 하나님께서 일단 우리의 타고난 본성에 믿음의 불을 붙이신 뒤에 우리 쪽에서 꾸준히 갈고 닦아서 튼실한 믿음의 근육을 길러내는 지속적인 과정이라고 할 때, 형식적 습관으로 변질되지 않도록 주의해야 한다.

성직자의 경우, 성만찬과 같은 성례전을 오랫동안 반복하다 보면 진실성과 경외심 없이 하나의 습관이나 형식으로 그리할 수 있다. 성직자나 평신도나 모든 그리스도인이 하나님을 경배하고 찬양할 때도 믿음이 하나의 습성이 되지 않기 위해서는 언제나 마음과 뜻과 정성을 다하는 '진지함'(earnestness)이 있어야 한다. 초월적 은혜 체험도 있어야 한다.

이 점에서 쇠렌 키르케고르(Søren Kierkegaard, 1813~1855)가 '믿음'이라는 신학적 덕이 반복해서 생긴 하나의 습성으로 끝나지 않도록 '진지성'이 수반되어야 한다는 사실을 강조한 것은 일리가 있다. 무엇보다도 키르케고르가 '죄'의 반대는 '미덕'이 아니라 '믿음'이라고 주장한 것도 루터를 비롯한 종교 개혁자들이 그토록 강조한 이신 칭의와 직결된다. 우리가 습득한 미덕이 죄를 없애주고 하나님에 의해 의롭다고 인정받게 하는 '공로'가 될 수 없기에, 오직 우리의 연약함과 죄악 됨을 자복하고 그리스도를 믿음으로써 구원받는다는 것이다. 미덕까지도 인간의 공로나 업적이 될 수 있기에, 죄의 반대는 미덕이 아니라 믿음이라는 키르케고르의 주장은 옳다.

# 7장

# 소망

나의 영혼아 잠잠히 하나님만 바라라 무릇 나의 소망이 그로부터 나오는도다 오직 그만이 나의 반석이시요 나의 구원이시요 나의 요새이시니 내가 흔들리지 아니하리로다 나의 구원과 영광이 하나님께 있음이여 내 힘의 반석과 피난처도 하나님께 있도다 백성들아 시시로 그를 의지하고 그의 앞에 마음을 토하라 하나님은 우리의 피난처시로다(시 62:-5-8).

다만 이뿐 아니라 우리가 환난 중에도 즐거워하나니 이는 환난은 인내를, 인내는 연단을, 연단은 소망을 이루는 줄 앎이로다 소망이 우리를 부끄럽게 하지 아니함은 우리에게 주신 성령으로 말미암아 하나님의 사랑이 우리 마음에 부은 바 됨이니(롬 5:3-5).

# 방향을 잡아주는 신학적 덕

C. S. 루이스(Clive Staples Lewis, 1898~1963)는 『순전한 기독교』(*Mere Christianity*, 1956)에서 비유를 든다.*

함대가 항해에 성공하려면 몇 가지 조건을 충족해야 한다. 선박끼리 충돌하지 말아야 한다. 엔진을 비롯한 선체 기관에 이상이 없어야 한다. 배끼리 충돌해도 문제고, 엔진이나 조타기와 같은 기체에 고장이 나도 항해는 중단된다.

그러나 루이스는 이런 문제보다 훨씬 더 중요한 질문 하나를 고려해야 한다고 말한다. 함대가 향하는 최종 목적지가 어디냐는 물음이다. 선박에 기체 결함이 없고 항로 이탈이나 충돌이 없어도 정확한 목적지를 향해 항진하지 않으면 항해는 실패로 끝난다. 뉴욕으로 간다는 배가 콜카타(Calcutta)에 도착한다면 어떻게 될까?

---

* C. S. Lewis, *Mere Christianity* (New York, NY: A Touchstone Book, 1996), 70-71.

루이스는 인생의 '속도'보다 '방향'이 더 중요하다는 사실을 일러준다. 방향을 바로 잡기 위해서는 하나님의 인도하심이 필요하다. 사추덕을 비롯한 여러 덕을 골고루 갖추었다고 할지라도 하나님의 은혜로운 간섭이 없다면, 이 덕이 방향을 바로 잡지 못해서 우리를 엉뚱한 목적지로 이끌 수 있다. 남들이 우러러보고 자신도 뿌듯하게 여기는 덕이 '자기 사랑'이나 '자기 영광'으로 귀착될 수 있다. 이런 이유로 키르케고르는 이교도들이 배양한 사추덕을 비롯한 자연 덕들을 '눈부신 악덕들'(glittering vices)이라고 비꼰다. '찬란한 덕'이지만, 오히려 그 덕들 때문에 교만에 빠져 하나님께 나아가는 데 걸림돌이 되기에 '악덕'이라는 것이다.

어려서부터 반복적으로 노력해서 얻은 '자연 덕'만으로는 성품이 완숙해질 수 없다. 하나님께서 초자연적 선물로 베푸시는 '신학적 덕'이 있어야 '완덕<sup>完德</sup>', 즉 존 웨슬리(John Wesley, 1703~1791)가 말하는 "기독자의 완전"(Christian perfection)에 이를 수 있다. 믿음과 소망과 사랑은 습성화해서 체득한 자연 덕의 방향과 목표를 잘

잡아주고 이끌어 주어서 그 덕이 더욱더 성숙한 완덕으로 자라나게 한다. 자기 사랑과 자기 영광을 넘어서 하나님 사랑과 이웃 사랑으로 나아가게 한다.

모든 자연 덕 혹은 인공 덕이 하나님의 관여 없이 인간이 노력해서 얻은 일종의 '공로'나 '업적'이라고 한다면, 신학적 덕은 '믿음과 소망과 사랑'이라는 하나님께서 주시는 은총의 선물에 인간 편에서 참여해서 빚어지는 덕이다. 신학적 덕은 언제나 우리의 근원이시자 최종 목표가 되시는 하나님과의 관계에서 생성되는 덕이다.

## 유한을 넘어서 무한으로

신학적 덕이 자연 덕이 나아가야 할 방향을 바로 잡아 준다면, 믿음에 이어 '소망'도 중요한 역할을 한다.

소망은 어떤 일을 바라는 마음가짐을 말한다. 지금은 이루어지지 않았지만, 언젠가는 이루어질 것을 믿고 참고 기다리는 굳센 의지가 소망이다. 소망의 가장 중요한 속성이 '기대하는 것'이기에 키르케고르는 '소망' 대신

'기대'(expectancy)라는 말을 쓴다.

무엇을 기대할 때 자신뿐만 아니라 가족과 공동체에 선익을 가져오는 것을 기대한다. 본능적으로 선한 일을 기대한다는 말이다. 건강하기를 기대하지, 병들기를 기대하지 않는다. 승진하고 연봉이 인상되기를 기대하지, 그 반대를 기대하지 않는다. 그런데 세상에서 부나 명예나 사회 지위와 같이 유한하고 일시적인 것을 기대할 때는 '불안'과 '두려움'이 따라붙는다. 세상에서 소망하는 모든 것은 불안정하고 불확실하기 때문이다.

어떤 사람이 금년에 직장에서 승진과 이에 따른 연봉 상승을 기대한다고 가정해 보자. 과장에서 부장 자리로 올라가는 것을 고대한다. 그 자리에 올라가는 길은 만만 치 않다. 사내에서 그 지위를 노리는 경쟁자가 여럿이다. 경쟁에서 이기려면 더더욱 유능해져야 하고 더 많이 수고 하고 노력해야 한다. 그리하여 승진을 바라면서도 불안 과 두려움이 떠나지 않는다. 자기가 그 자리를 꿰차면 다른 경쟁자들은 밀려나야 하기에 그것도 신경이 쓰인 다. 승진과 연봉 인상을 기대할 때 이 기대에 따라붙는 심리적이고 사회적인 압박감이 있었지만, 천신만고 끝에 그 자리를 차지했다고 해보자. 그토록 염원했던 지위를 얻었지만, 막상 그 자리에 올라가 보니 자신의 성격이나 능력과 어울리지 않는다. 몸에 맞지 않는 옷을 입은 것처럼 긴장의 연속이고 불편하기 짝이 없다. 어린 아기가 불을 손에 넣으면 행복해질 것 같았는데, 불을 손에 쥐는 순간 덜컥 화상을 입게 되는 이치와 같다.

세상에서 바라는 것은 그 바라는 것을 손에 넣으면 행복해질 것 같은 기대를 불러일으키지만, 실제로는 그렇지 않다는 데 문제가 있다. 바라는 소원을 이루는 것도 만만치 않지만, 일단 소원한 것이 성취되었다고 할지라도 자신과 맞지 않기에 실망과 불편을 느끼거나, 금방 또 다른 소원이 일어나 그 소원에 매달리게 된다. 소망하는 대로 쉽게 주어지지 않고, 소망한 것을 얻었다고 할지라도 금방 싫증이 나거나 쉽사리 잃어버릴 가능성이 있다.

한 청년이 한 처녀를 뜨겁게 사랑해서 결혼하지 않으면 행복해지지 않을 것 같아 밤낮으로 결혼을 소망한다.

상대편 마음을 얻어 결혼에 골인하기도 어렵지만, 간신히 결혼해서 얻은 아내가 이런저런 이유로 떠나갈 가능성도 배제할 수 없다. 세상에서 바라는 모든 것은 오고 가는 것을 우리 뜻대로 통제할 수 없다는 데 문제가 있다. 고생해서 얻은 것을 상실할 가능성과 그 가능성에 대한 불안과 두려움이 떠나지 않는다. 세상에서 바라는 것은 일시적이고 부분적으로 이루어질 뿐이기에 그렇다.

그렇다면 정말 행복해지기 위해서는 유한하고 일시적인 것이 아닌 "무한하고 영원한 것"을 소망해야 한다. 노력해서 얻을 수는 있지만, 그 과정이 너무 복잡하고 늘 마음 졸이게 하는 그런 무상한 것이 아닌, 견고하고 안전한 것을 소망해야 한다. 애써 노력해서 얻었거나, 운수가 좋아서 혹은 우연히 얻었거나 간에, 이내 허무하게 떠나가는 것이 아닌 "영구하고 지속적인 것"을 기대해야 한다. 제아무리 대단한 것을 붙잡았어도 금방 허무를 느끼는 것은 그 유한한 것에 비해 영원한 것이 있기 때문일 것이다.

# 소망 = '어렵지만 가능한 미래의 선'을 기대하기

유한하지 않고 일시적이지 않고, 무한하고 영원한 분은 하나님 한 분이시다. 그러므로 신학적 덕으로서의 소망은 부나 권력이나 명예나 인기와 같이 쉽게 시드는 대상을 바라는 것이 아니다. 어제나 오늘이나 내일이나 영원무궁토록 변함이 없는 하나님을 바라는 것이다.

> 나의 영혼아 잠잠히 하나님만 바라라 무릇 나의 소망이 그로부터 나오는도다 오직 그만이 나의 반석이시요 나의 구원이시요 나의 요새이시니 내가 흔들리지 아니하리로다 나의 구원과 영광이 하나님께 있음이여 내 힘의 반석과 피난처도 하나님께 있도다(시 62:5-7).

하나님과 하나님이 하시는 일을 바라는 소망은 하나의 '소원하는 생각'(wishful thinking)이 아니다. 우리는 지금 살고 있는 아파트보다 더 넓은 평수의 아파트에 살기를 소원한다. 복권에 당첨되기를 소원한다. 이런 세속적 차원의 소원은 일시적 감정 상태일 뿐, 성품에 자리잡은 견고하고 지속적인 기질과 성향으로서의 미덕이 아니다.

그렇다면 일시적 소원이 아닌 지속적 인격 성향, 즉 미덕으로서의 소망은 어떤 것일까?

아퀴나스는 소망을 다음과 같이 정의한다.

소망은 **어렵지만 가능한 미래에 일어날 선**을 인내하며 기대하는 것이다.[*]

덕으로서의 소망은 미래에 일어날 선을 지금 바라는 마음 상태인데, 그 미래의 선은 이루어지기 어렵지만 실현될 가능성이 있는 선이다. 올림픽의 마라톤 경기에 참가한 선수는 결승점에 1등으로 들어와 금메달을 목에 거는 소망을 품는다. 워낙 쟁쟁한 선수들과 경쟁해야 하기에 쉽지 않다. 하늘의 별 따기처럼 어려운 것이 사실

---

[*] "Hope is the patient expectation of *a difficult but a possible future good*."

이지만, 불가능한 것은 아니다. 나름대로 훈련을 잘 쌓았고 경기 당일 좋은 컨디션으로 기량을 최대한 발휘하면 금메달까지 내다볼 수 있다. 미래에 일어날 좋은 일은 도달하는 것이 어려워도 얼마든지 가능하다.

신학적 덕으로서의 소망은 하나님을 바라고 하나님이 하시는 선한 일을 기대하는 것이다. 하나님은 눈앞에 보이지 않을 뿐 아니라 믿음이 없이는 하나님께 소망을 걸 수 없기에 이런 소망을 품는 것은 어렵지만 가능하다. 믿음과 인내로 하나님을 바라고 하나님이 하실 일에 기대를 품는다면 소망한 것이 이루어질 날이 온다.

하나님은 소망의 '대상'일 뿐 아니라, 하나님과 하나님이 하실 일에 소망을 걸도록 돕는 '조력자'(facilitator/促進者)도 되신다. 강에서 보트를 타고 노를 저어 앞을 향해 나아갈 때 힘차게 노를 젓는 우리의 노력이 중요하다. 그러나 배가 꾸준히 전진하기 위해서는 노를 젓는 노력뿐만 아니라, 조류와 바람의 영향도 무시할 수 없다. 소망의 덕을 실현할 때도 하나님의 은혜와 우리 쪽의 노력이 다 필요하다. 하나님과 하나님이 이루실 미래의 선에 기대를 거는 소망은 어렵지만, 얼마든지 실현 가능하다고 믿고 참고 기다리면서 어떤 악조건에도 불구하고 끝까지 바랄 수 있으려면 하나님의 은혜로운 도우심과 우리의 치열한 노력이 다 중요하다.

사도행전 27장에는 바울이 예루살렘에서 로마로 압송당할 때 혹독한 시련을 겪은 이야기가 나온다.

바울이 탄 배가 '유라굴로'라는 광풍을 만나 죽을 고생을 한다.

> 우리는 폭풍에 몹시 시달리고 있었는데, 다음날 선원들은 짐을 바다에 내던졌고, 사흘째 날에는 자기네들 손으로 배의 장비마저 내버렸다. 여러 날 동안 해도 별도 보이지 않고, 거센 바람만이 심하게 불었으므로, 우리는 살아남으리라는 희망을 점점 잃었다(행 27:18-20).

목숨이 경각에 달린 판국에도 바울은 하나님에 대한 소망의 끈을 놓지 않고 배에 탄 사람들에게 끊임없이 용기와 소망을 불어넣는다(27:21-26). 절체절명의 위기

순간에도 하나님이 베푸실 구원에 소망을 건 바울은 배에 탄 276명의 승객과 함께 목숨을 건진다. 진정한 소망은 모든 인간적 소망이 끊어졌을 때 입증된다. 처절한 좌절과 뼈아픈 실패를 맛볼 때도 여전히 미래를 향해 전진할 수 있는 것은 소망의 덕이 있기 때문이다. 소망은 불확실한 미래와 맞서 싸우게 하고, 현실에 매몰된 채 '무사안일주의'(complacency)에 빠지는 것을 막아준다. 그 어떤 기적도 일어나지 않고 모든 위로가 끊어졌을 때도 소망은 끝까지 살아 있다. 진정한 소망은 실낱같은 가능성만 남은 상황에서도 하나님이 하실 일을 믿고 참고 바라고 기다리는 것이다.

바울은 생생한 체험에 근거해 로마서 5:3-5에서 이렇게 고백한다.

그뿐만 아니라, 우리는 환난을 자랑합니다. 우리가 알기로, 환난은 인내력을 낳고, 인내력은 단련된 인격을 낳고, 단련된 인격은 희망을 낳는 줄을 알고 있기 때문입니다. 이 희망은 우리를 실망시키지 않습니다. 하나님께서

우리에게 주신 성령을 통하여 그의 사랑을 우리 마음속에
부어 주셨기 때문입니다(롬 5:3-5).

환난은 3대에 걸쳐 자녀들을 낳는다. 먼저 '인내'라는
아들을 낳는다. 환난이 없으면 참을 것도 없기에 인내도
없다. 인내는 '연단'이라는 아들을 낳는데, 환난에게는
손자가 되는 셈이다. 성품이 정금처럼 단련된다. 마침내
연단은 '소망'이라는 아들을 낳는다. 환난의 증손자가
'소망'이라는 미덕이다. '환난'이라는 공장에서 '인내' →
'단련된 인격' → '소망'이 차례로 생산된다. 소망은 환난
한가운데에서도 하나님께서 미래에 베푸실, 어렵지만
실현 가능한 영광과 축복을 지금 여기에서 바라게 한다.

## 절망과 교만을 넘어서 진정한 소망으로

넬슨 만델라(Nelson R. Mandela, 1918~2013)는 남아공
백인들의 "아파르트헤이트"(Apartheid, '분리'라는 뜻)라는
악명높은 인종차별 정책에 저항하다가 감옥에 갔혔다.

정당한 법적 절차를 거치지 않은 채 수감되어 장장 27년 간 억울하게 옥살이를 했다. 만델라는 자신의 석방과 아파르트헤이트의 종식이 '어렵지만 가능한 미래의 선' 임을 믿고 끝까지 소망을 포기하지 않았다. 개인적으로 혹독한 희생을 치러야 했지만, 끝까지 소망을 견지했을 때 석방된 것은 물론이고 백인들의 인종차별 정책도 끝났 으며, 남아공의 첫 번째 흑인 대통령 자리에까지 올라갔 다. 소망의 효과는 이런 것이다.

하나님께 소망을 둘 때 이웃을 사랑으로 품을 수 있다. 세속적 소망은 내가 원하는 것을 얻으면 다른 사람은 그것을 얻지 못할 때가 많다. 자리가 하나밖에 없을 때 내가 그 자리에 올라가면 다른 사람은 그 자리를 얻지 못한다. 소유도 그렇다. 돈이나 토지를 불문하고 내가 어떤 재화를 손에 쥐면 다른 사람은 그만큼 얻지 못한다. 하지만 하나님은 무궁무진하시기에 모든 사람이 하나님 을 믿고 바라고 사랑한다고 해서 절대로 고갈되지 않는 다. 하나님의 형상으로 지음 받은 이웃을 사랑하게 될 때 타인을 소망의 경쟁자가 아닌, 함께 영원을 소망하는 동반자로 대할 수 있다.

소망이 빠지는 두 가지 악덕을 경계해야 한다. 첫째는 '절망'(despair)이다. 소망한 것이 이루어질 수 없다고 체념하고 포기하는 태도다. 온갖 악조건과 온갖 불리한 증거가 넘쳐난다고 해도 하나님과 하나님이 하실 선한 일에 대한 기대를 포기하지 말아야 한다. 하나님은 무한하시고 영원하시기에 시공간의 구애를 받지 않으신다. 그러므로 인간의 시간 계산으로 이루어지지 않았다고 해서 끝난 것이 아니다. 하나님께는 하루가 천 년 같고 천년이 하루 같기에 아직 소망이 실현되지 않았다고 해서 지레 포기할 필요가 없다(벧후 3:8). 아브라함과 바울이 보여준 소망의 자세처럼 끝까지 믿고 참고 바라며 기다릴 때 영원한 생명과 구원과 승리가 주어진다.

두 번째 악덕은 '주제넘음'(presumption)이다. 절망과는 정반대되는 악덕이다. 바란 것이 이미 자기 수중에 확실히 들어와 있다는 착각으로 자만에 들떠 있는 상태다. 소망하기를 그만두고 절망의 나락에 빠진 사람도 문제지만, 하나님께서 최후 심판의 날에 하실 일을 이미

잡았다고 생각하는 사람도 그 못지않게 교만의 죄에 멀지 않다. 하나님이 행하실 궁극 선은 '이미'(already)와 '아직 아니'(not yet)의 역설적 긴장과 모순 상태에 있다.

# 8장

# 사랑

이스라엘아 들으라 우리 하나님 여호와는 오직 유일한 여호와이시니 너는 마음을 다하고 뜻을 다하고 힘을 다하여 네 하나님 여호와를 사랑하라(신 6:4-5).

그런즉 믿음, 소망, 사랑, 이 세 가지는 항상 있을 것인데 그중의 제일은 사랑이라(고전 13:13).

## 신학적 덕으로서의 사랑 = 하나님 사랑 + 이웃 사랑

신학적 덕으로서의 사랑은 모든 덕의 뿌리이자 열매다. 사추덕과 이 덕에서 파생한 모든 '가지(eggplant) 덕'이 사랑에서 비롯되고 사랑으로 끝난다. 사랑이야말로 모든 덕의 본질이자 요약이다. 사랑은 기분이나 감정이 아니다. 사랑은 성품 그 자체다. 언제나 구체적 행동으로 나타난다. 사랑은 명사가 아니라 동사다. 그럴듯하게 사랑을 정의해도 직접 사랑하고 사랑받지 않는다면 사랑이 무엇인지 알 수 없다.

사람이든 동식물이든 관계성에서 발생하는 사랑에는 대상에 따라 종류가 다양하다. 부모와 자식 간의 사랑, 형제 동기 간의 사랑과 같은 혈육 간의 사랑이 있다. 친구들 간의 사랑이 있다. 연인들끼리의 사랑과 부부 간의 사랑도 있다. 고양이나 개와 같은 애완동물을 비롯한 동물 전반에 대한 사랑이 있다. 장미나 수선화를 비롯한 아름다운 꽃을 사랑하는 식물 사랑도 있다. 하늘과 바다, 나무와 숲을 비롯한 우주와 자연에 대한 사랑도 있다.

축구와 농구를 비롯한 스포츠 사랑도 있고, 음악과 미술을 애호하는 예술 사랑도 있다.

이렇게 사랑하는 대상에 따라 다양한 종류와 다양한 차원과 다양한 심도의 사랑이 있지만, 우리는 '신학적 덕목으로서의 사랑'에 집중한다. 신학적 덕은 자연 덕과 달리 언제나 하나님과의 관계에서 발생하는 덕이다. 자연 덕이 어린 시절부터 올바른 도덕 규칙이나 올바른 명령에 순응해서 꾸준히 반복해서 실천하다 보니 어느새 인격 일부로 내면화된 성품의 '탁월성'이라고 한다면, 신학적 덕은 존재의 기원이자 최종 목표가 되시는 하나님께서 부어주시는 은총에 우리가 참여함으로써 생성하는 덕이다. 자연 덕이 습성화 과정을 통해서 체득하는 '인공 덕'이라고 한다면, 신학적 덕은 하나님께서 은총의 선물로 베푸시는 '초자연적 덕'이다.

일시적 기분이나 들뜬 감정으로서의 사랑이 아닌, 신학적 덕으로서의 사랑은 언제나 '하나님 사랑'과 하나님의 형상대로 지음받은 이웃을 사랑하는 '이웃 사랑'의 두 측면으로 이루어진다. 이웃이 하나님의 형상대로 창조되었기에 이웃을 사랑하는 것은 곧 그 이웃을 자신의 모양대로 지으신 하나님을 사랑하는 것이므로 신학적 덕으로서의 사랑은 오롯이 하나님 사랑으로 집약된다. 이런 이유로 '쉐마'('들으라'라는 뜻)는 일차적으로 하나님 사랑을 강조한다.

> 이스라엘아 들으라 우리 하나님 여호와는 오직 유일한 여호와이시니 너는 마음을 다하고 뜻을 다하고 힘을 다하여 네 하나님 여호와를 사랑하라(신 6:4-5).

신학적 덕으로서의 사랑이 언제나 '하나님 사랑'을 중심축으로 한다면, 이 사랑은 테니스를 사랑하고 바흐나 피카소나 축구 영웅 손흥민이나 아이돌 스타 BTS를 사랑하는 등등의 세속적 사랑과는 차원이 다르다. 햇빛이 촛불이나 전등불과 비교할 수 없는 빛의 근원이자 빛 자체이듯이 하나님 사랑 역시 어떤 종류의 사랑과도 비교할 수 없는 사랑의 근원이자 사랑 그 자체다.

## 우정으로서의 사랑의 역학 관계

아퀴나스는 신학적 덕으로서의 사랑을 '하나님과의 우정'(friendship with God)이라고 말한다. 하나님께서 아브라함을 친구라고 말씀하셨고(사 41:8; 약 2:23), 사람이 친구와 이야기하듯이 하나님께서 모세와 얼굴을 마주하고 대화를 나누셨다(출 33:11).

아리스토텔레스는 『니코마코스 윤리학』에서 '우애'(φιλία/필리아)를 사랑의 원형이라고 말한다(아리스토텔레스에게 '필리아'는 남녀 간의 성애적 사랑이나 부모와 자식 간의 사랑 등 모든 형태의 사랑을 포괄하는 개념이다). 누군가를 친구로 삼는다면 그가 사랑할 만하기에 그렇다. 사람들 사이에 '필리아'(우정)가 생기는 이유는 좋음(good)과 즐거움(pleasure)과 유익(usefulness) 때문이다. 친구 그 자체가 좋아서 우정을 나누는 것은 바람직하지만, 상대에게서 얻는 쾌락이나 유용성 때문에 그런 것은 불순하다.

훌륭한 인품을 가진 사람은 친구 그 자체가 좋아서 우정을 나누지만, 그렇지 않은 사람은 친구보다 그가 자기에게 얼마나 즐거움과 유익을 주는가에 따라서 우정을 나눈다. 물론 진정한 우정은 일방적이지 않기에 쌍방이 다 자신만의 좋음이나 즐거움이나 유익 때문이 아닌, 친구 그 자체를 위해서 사랑할 때 견고한 우정이 지속될 수 있다.

나이 들어 사회생활을 하며 사귀는 친구들 가운데 어떤 이는 불순한 교제를 '우정'이라는 이름으로 포장할 수 있다. 상대편이 아닌 자기에게만 유익하기에 상대를 사랑하는 우정은 친구에게 얻을 수 있는 '이득' 때문에 사랑하는 것이다. 이것은 '즐거움' 때문에 사랑하는 경우도 마찬가지인데, 누군가 재치 있는 사람을 사랑할 때 그 사람 자체를 사랑하기 때문이 아니라 그가 제공하는 재치의 즐거움을 얻고자 사랑한다. 따라서 자기에게 유익하므로 누군가를 사랑하는 사람은 그 유익이 좋아서 사랑하는 것이기에 유익이 없어지면, 사랑도 식어서 우정이 끝난다. 친구가 주는 즐거움 때문에 사랑하는 사람도 친구가 즐거움을 주지 않으면, 우정도 사라진다.

세상에서 맺는 우정 가운데 상당수는 이것저것 따지

지 않고 친구 그 자체가 좋아서가 아니라, 친구가 자기에게 안겨주는 모종의 유익이나 즐거움 때문에 발생한다. 이런 이기적 사랑은 상대의 외모가 변하거나 경제적 유익과 성적 즐거움 따위를 주지 않으면 저절로 없어진다. 청춘 남녀가 연애할 때 상대의 외모나 지위나 재력이 주는 즐거움과 유익 때문에 사랑한다고 할 경우, 교통사고로 용모가 흉하게 일그러지거나 갑자기 낮은 지위로 굴러떨어지거나 경제적 곤경에 빠지면, 거기에서 얻는 즐거움과 유익이 사라지기에 사랑마저 식어버린다.

원조 교제에서 사랑이라는 미명으로 사랑하는 사람은 사랑받는 사람에게 성적 즐거움을 얻으려 하고, 사랑받는 사람은 사랑하는 사람에게 금전적 유익을 기대하기에 어느 순간 즐거움이나 유익 어느 한 가지나 양쪽 모두가 사라지게 되면, 둘 사이의 관계는 순식간에 끝나고 만다. 이처럼 사랑이라는 이름으로 진행되는 행위 상당수가 상대방 그 자체를 위한 사랑이 아니라, 상대가 제공하는 즐거움과 유익 때문에 하는 사랑이기에 서로를 인격적으로 사랑한 것이 아니라, 자신이 얻는 즐거움과 유익을 사랑한 것이 되고 만다.

그러기에 완전한 사랑은 좋은 성품과 훌륭한 미덕을 가진 사람들 사이에 발생하는 사랑이다. 친구가 주는 유익이나 즐거움과 상관없이 친구 그 자체를 위해서 사랑하고, 친구가 최고로 잘되기를 바라는 마음으로 하는 사랑이다.

사랑이 하나의 미덕이라고 할 때, 이 사랑은 성품에 깊이 뿌리내린 지속적 성향이요 기질이기에 친구가 처할 수 있는 변화무쌍한 처지를 아랑곳하지 않고 끝까지 친구 그 자체를 위한 일념으로 친구가 최고로 잘되기를 바라게 된다. 이런 이유로 아리스토텔레스가 말한 그대로 "사랑하고 싶어 하고 사랑받고 싶어 하는 마음은 금방 생기지만, 진정한 사랑은 금방 생기지 않는다."

## 사랑하는 자 Vs. 사랑받는 자

아리스토텔레스는 진정한 사랑은 '사랑받기'보다는 '사랑하기'에 달려 있다고 말한다. 아리스토텔레스는 장인(匠人/artisan)이 자기가 제작한 '작품'을 사랑하는 것이, 만일 작품에 생명이 있다고 한다면 '작품'이 '작가'를 사랑하는 것보다 훨씬 더 크다고 말한다. 시인이 고혈을 짜내 아름다운 시 한 편을 지어냈을 때, 시인은 친자식 이상으로 그 시를 아끼고 사랑하는 이치와 같다.

이것을 '도움을 주는 자'(施惠者/benefector)와 '도움을 받는 자'(受惠者/beneficiary)의 관계로 확대한다면, 도움을 주는 사람이 도움을 받는 사람을 사랑하는 것이 도움을 받는 사람이 도움을 주는 사람을 사랑하는 것보다 더 크다는 말이 된다. 그것은 도움을 주는 일은 쉽지 않고, 도움을 받는 일은 쉽기 때문이다.

온갖 고생을 다한 끝에 자수성가(自手成家)한 사람이 부모에게 재산을 물려받은 사람보다 훨씬 더 재물에 대한 사랑과 애착이 큰 법이다. 아버지보다 어머니가 자녀를 더 사랑하는 이유도 어머니가 매우 힘든 출산의 고통을 이겨내고 자식을 낳았기 때문이다.

아리스토텔레스는 '사랑하는 일'은 작품을 '만들어내는 일'과 같고, '사랑받는 일'은 '만들어지는 일'과 같아서 제작자가 작품을 사랑하는 것이 작품이 제작자를 사랑하는 것보다 더 크다고 주장한다. 이것을 기독교 신앙에 적용한다면, 우리를 걸작품으로 만드신 '창조주 하나님'이 우리를 사랑하시는 것이 '피조물인 우리'가 하나님을 사랑하는 것보다 훨씬 더 크다고 할 것이다.

"보화와 진주의 비유"(마 13:44-46)는 예수 그리스도께서 보화와 진주와 같아서 우리의 전 재산을 팔아서라도 그분을 따라갈 가치가 있다고 해석할 수 있지만, 정반대로 우리가 보화와 진주 같아서 하나님께서 전 재산이신 그리스도를 십자가에 팔아넘겨서 우리를 사주셨다고 풀이할 수도 있다. 후자의 해석이 더 그럴듯한 이유는 아리스토텔레스가 말한 그대로 사랑하는 자가 사랑받는 자를 사랑하는 것이 사랑받는 자가 사랑하는 자를 사랑하는 것보다 훨씬 더 크고 깊기 때문이다.

### 사람에 따라 다르게 사랑?

사람이 다 동등하지 않기에 동양의 삼강오륜三綱五倫에

서처럼 지위나 연령이나 성별에 따라서 사랑의 정도도 달라져야 할까? 유교나 타종교는 사랑의 대상에 따라 사랑의 종류나 성격도 달라져야 한다고 주장한다. 그러나 기독교는 해 아래 모든 인생이 하나님의 형상대로 동등하게 창조되었으므로 사랑의 대상이나 관계성에 따라서 사랑의 종류나 성격도 달라져야 한다는 주장에 동의하지 않는다. 남녀노소, 빈부귀천에 상관없이 동일한 사랑을 베풀어야 한다.

이것은 누가복음 10장에 나오는 "선한 사마리아인의 비유"에서 예시된다.

한 율법교사가 예수님을 시험하고자 고약한 질문을 던진다. "무엇을 해야지만 영생을 얻을 수 있느냐"는 물음이다. 밤낮 율법을 연구하고 묵상하는 신학자이니 정답을 뻔히 알면서도 예수님을 떠보고자 이런 질문을 했는데, 예수님은 저의를 간파하고 되물으신다. "네가 밤낮으로 연구하고 묵상하는 율법에 무엇이라고 기록되었으며, 그것을 어떻게 해석하는가?" 율법사는 사랑의 이중 계명, 즉 '하나님 사랑'과 '이웃 사랑'이라고 옳게 대답한다.

예수께서 율법사 자신이 아는 그대로 행하면 영생을 얻게 될 것이라고 말씀하시자, 율법사는 예수님이 자기의 술수에 넘어가시지 않자 무안을 느낀다. 그리하여 "내 이웃이 누구입니까?"라고 질문한다. 또 다른 질문을 제기해서 자신을 정당화하려고 한 것이다. 하나님은 한 분이시지만, 지구상에 80억이 넘는 인구가 있는데 누가 이웃인지를 알아야지만 그 이웃을 사랑할 수 있지 않느냐는 질문이다.

그때 예수님이 들려주신 비유가 "선한 사마리아인의 비유"다.

예루살렘에서 여리고로 내려가던 유대인 나그네가 강도를 만나 소유물을 다 빼앗기고 옷이 벗겨진 채로 구타를 당해 죽을 지경이 되었다. 유대인 제사장과 레위인은 종교적 이유와 신변 안전을 핑계로 못 본 채 지나갔다. 유대인과 원수였기에 도와줄 이유가 전혀 없는 사마리아인이 지극 정성을 다해 나그네를 구해주었다.

예수께서 비유를 끝내면서 던지신 질문은 "누가 강도 만난 사람의 이웃이냐?"이다. 이웃은 우리가 사랑해야 할 대상이라고 생각하는데, 예수님은 도움이 필요한 사람에게 누가 이웃이 되어 줄 것인가를 물으신다. '객체'(object)로서의 이웃 개념을 '주체'(subject)로서의 이웃 개념으로 전환하신 것이다. "누가 나의 이웃이 되어 줄 것인가"가 아닌, 나의 도움이 필요한 사람이 있을 때 종교와 인종과 언어와 국경을 뛰어넘어 "내가 그 사람의 이웃이 되어 줄 것"을 요구하신다.

인간은 누구나 하나님의 형상대로 지음 받았기에 사람의 종류에 따라서 사랑의 종류도 달라져야 한다는 것은 기독교적 사고가 아니다. 순전한 사랑이 언제나 친구가 최고로 잘되기를 바라는 마음가짐이라면, 원수나 흉악범까지 사랑해야 하는 이유는 그들이 우리와 마찬가지로 하나님의 형상대로 지음받은 동료요, 하나님의 사랑을 받는 자녀들이기 때문이다. 그들의 사고나 행동에는 동의하지 않는다고 할지라도, 그들이 하나님의 자녀들로 회복되고 잘되기를 바라는 차원에서는 사랑해야 한다.

## 사랑이 오래오래 가려면?

　지정의知情意를 비롯한 인격성을 가진 사람들 사이의 사랑은 세 가지가 조합되어 발생한다. '사랑하는 자'(the lover)와 '사랑받는 자'(the beloved)와 둘 사이를 이어주며 오가는 '사랑'(love)이다.

　사랑의 주체와 객체 사이에 발생하는 사랑은 개인 차원과 공동체 차원이 있다. 일대일의 사랑이 있는가 하면, 한 사람 혹은 여러 사람이 한 개인이나 다수와 집단을 사랑할 때도 있다. 개인 차원의 사랑이든 사회 차원의 사랑이든 간에 일방향의 사랑도 있고, 쌍방향의 사랑도 있다.

　사랑하는 자가 사랑받는 자에게 사랑을 줄 때 사랑받는 자도 이에 비례해 동등한 사랑을 돌려주어서 양자의 진심에서 우러나온 사랑이 양쪽을 오가며 이어주는 사랑이 가장 이상적 형태의 사랑이다. 사랑하는 자가 사랑받는 자에게 사랑을 주어도 사랑받는 자가 냉담해서 사랑으로 반응하지 않을 때 '짝사랑'이 되고 만다.

| 일방적 짝사랑 | 사랑하는 자 → 사랑 → 사랑받는 자 |
|---|---|
| 쌍방교류 사랑 | 사랑하는 자 ⇆ 사랑 ⇆ 사랑받는 자(사랑이 양방향으로 다 흘러가 '사랑하는 자'가 '사랑받는 자'가 됨) |

아리스토텔레스의 『니코마코스 윤리학』은 친구들 사이의 '우애'를 가장 보편적이고 필수적 사랑의 형태로 간주해, 그 우정을 분석하고 설명하는 데 두 장을 할애한다. 그 어떤 것도 따지지 않고 친구 그 자체를 위해서 사랑하는 우정은 오래오래 갈 수 있는데, 이런 우정은 양쪽 다 좋은 미덕을 갖춘 사람들일 때에만 일어난다. 친구가 주는 어떤 '즐거움'이나 '유익' 때문에 사랑하는 사람은 친구 그 자체를 사랑한 것이 아니라, 친구가 주는 즐거움이나 유익을 사랑한 것이기에 그런 것들이 사라지면 사랑도 식어버린다. 남녀 간의 사랑에서 한쪽은 상대가 주는 성적 즐거움 때문에, 다른 한쪽은 상대가 주는 금전적 유익 때문에 사랑한다고 할 때, 둘 중 하나가 안겨주는 즐거움이나 유익이 없어지면 양자 간의 사랑도 사라

지고 만다. 쾌락이나 유익은 상황에 따라 수시로 변하기에 이런 가변적인 것에 기대어 사랑을 나눈다면, 그런 사랑은 상황의 변화에 따라 쉽게 흔들릴 수밖에 없다. 따라서 오래오래 지속되는 견고한 우정은 양쪽 다 훌륭한 미덕을 갖추어서 상대편이 주는 즐거움이나 유익에 휘둘리지 않고 상대의 됨됨이, 즉 인간적 '좋음' 그 자체 때문에 사랑할 때 가능해진다.

### 견고한 사랑에는 정의가 수반되고

아리스토텔레스는 "동등하지 못한 사람들 사이의 사랑"을 논한다. 아버지와 아들, 손윗사람과 손아랫사람, 통치자와 피치자. 신과 인간 사이의 사랑 등등이다. 이런 우열 관계에서 발생하는 사랑에는 사랑의 '동등성'(equality)이 필수적이다. 다시 말해 사랑은 어느 한쪽만 즐거움이나 유익을 주고 다른 한쪽은 그렇지 않아서 주는 쪽만 일방적으로 손해를 보거나 희생당해서 안 된다. '즐거움'이든 '유익'이든 양자가 서로 동등하고 균등하게 주고받을 때 견고한 사랑이 일어난다. 물론 어머니가 아들을 사랑하는 사랑은 그 어떤 것도 기대하지 않고 일방적으로 퍼주고 희생하는 사랑일 때가 많지만, 사회생활을 하면서 타인과 맺는 사랑은 이런 식의 불균형성을 기대하기 어렵다.

이런 이유로 아리스토텔레스 윤리학에서 사랑은 언제나 '정의'를 수반할 수밖에 없다. 사랑을 주는 만큼 그에 비례해서 동등한 사랑을 받을 때, 정의와 연합한 사랑은 견고함과 지속성을 보장받게 된다. 아리스토텔레스가 '우애'와 같은 사랑에서 한쪽은 희생하고 다른 쪽은 받아 누리는 식의 불균형적 '주고받기'식으로는 견고한 사랑이 지속될 수 없다고 본 것은 일리가 있다. 한쪽만 사랑을 퍼주고 받는 쪽에서는 그에 비례하는 사랑으로 되갚지 않을 경우, 정의가 모자란 형태의 사랑이기에 불공정하고 불안정해서 오래 갈 수 없기 때문이다.

그렇다면 동등하지 않은 사람들 간의 사랑에는 유독 "비례법칙"이 중요해진다. 인격이 더 훌륭하거나 지위가 더 높은 사람은 자기가 사랑하는 것보다 그 훌륭함과 지위에 걸맞게 더 많은 사랑을 받아야 균형이 이루어진다는 논리다. 고매한 인품을 가진 통치자가 피치자를 사랑할 때 피치자는 그 통치자의 위상에 걸맞게 자신이 사랑받는 것 이상의 사랑을 통치자에게 되돌려 줄 때 양자 간의 사랑에는 균형이 잡힌다. 동등하지 않은 사람들 사이에서는 사랑받을 만한 자격이나 신분이나 공적功績에 비례해서 사랑을 받게 될 때 동등성이 확보되는데, 아리스토텔레스는 이 "비례 동등성"을 사랑이 오래오래 지속될 수 있는 요인으로 본다.

물론 이런 동등성이 사라져도 사랑은 지속될 수 있지만, 문제는 둘 사이의 격차가 워낙 클 때는 사랑이 중단될 수 있다는 것이 현실이다. 고대 전제군주 시대에 왕과 평민, 왕과 노예 사이에는 엄청난 격차가 있었기에, 아리스토텔레스는 양자는 친구가 될 수 없다고 주장한다. 사랑은 사랑받는 자가 최고로 잘되기를 바라는 마음인데, 신하가 자기와 맞먹는 수준까지 최고로 잘되기를 바라는 군주가 있겠느냐는 것이다. 그것은 곧 왕이 누리는 권세에 범접犯接하기를 원한다는 말인데, 세상에 그런

군주가 어디 있겠느냐는 것이다. 하물며 '신들'(gods)은 인간과 비교할 수 없을 만큼 절대적으로 우월하기에 신들과 인간 사이에는 우애가 생길 수 없다는 것이 아리스토텔레스의 주장이다. 진정한 우정이 자신의 즐거움이나 유익을 계산하지 않고 친구 그 자체를 위해서 친구가 최고로 잘되기를 바라는 마음이라고 한다면, 비례 동등성을 기반으로 하는 우애의 측면에서 신은 인간이 감히 자기와 같은 신적 존재로 치고 올라오는 것을 허용하지 않을 것이기 때문이다.

## 일방적으로 퍼주고 희생하는 사랑

아리스토텔레스의 사랑관이 "기독교적 사랑관"과 갈라지는 지점이 여기에 있다. 하나님과 우리 사이에는 양적 차이뿐만 아니라 질적 차이가 있는데, 하나님은 이런 절대적 격차를 뛰어넘어 먼저 우리를 사랑해주셨다.

키르케고르의 비유를 든다면, 왕이 사랑하는 하녀와 결혼하기 위해 스스로 왕의 자리에서 종의 신분으로 내려

와 하녀를 왕비로 맞아들이는 이치와 같다. 하나님과
인간 사이의 절대적 격차 때문에 둘 사이에는 진정한
우애가 일어날 수 없다는 아리스토텔레스의 주장이 인간
의 몸을 입고 낮고 천한 자리로 스스로 내려오신 예수님의
성육신 사랑에서 와르르 무너졌다.

> 우리가 아직 죄인 되었을 때에 그리스도께서 우리를 위하
> 여 죽으심으로 하나님께서 우리에 대한 자기의 사랑을 확
> 증하셨느니라(롬 5:8).

하나님은 독생자 그리스도를 우리와 똑같은 인간의
몸을 입고 이 땅에 오시게 함으로써 불공정하고 불균형적
사랑의 본보기를 보여주셨다. '사랑하는 자'와 '사랑받는
자'와 양자를 오가며 이어주는 '사랑'이 비례 균형을 이룰
때 견고한 사랑이 지속될 수 있다는 아리스토텔레스의
주장이 하나님께서 그리스도의 성육신과 십자가와 부활
을 통해 몸소 보여주신 파격적 사랑으로 깨지게 된 것이다.
우리보다 압도적으로 우월하신 하나님께서 하나님

의 전부이신 그리스도를 십자가에 넘기는 희생을 치르시고 사랑의 문을 활짝 열어주셨다. 그러므로 예수님을 통해 드러난 하나님의 사랑이야말로 아리스토텔레스가 주장한 상호 비례성과 동등성에 근거한 쌍방교류로서의 세속적 사랑과는 차원이 다른 사랑인데, 하나님이 우리가 최고로 잘되기를 바라는 마음으로 우리 수준으로 내려오셔서 일방적으로 손해 보고 희생하는 짝사랑의 극치다.

### 사랑 없이 하는 모든 행위는?

사랑 일반에 대한 이런 전이해를 바탕으로 그 유명한 "사랑 장", 고린도전서 13장을 살펴보자.

아퀴나스는 바울을 따라 사랑이 믿음과 소망을 능가하는 최고의 신학적 덕이라고 주장하는데, 왜 그럴까? 바울이 제시하는 사랑은 낭만적 감정이나 황홀한 기분이 아니라 그리스도의 성육신과 십자가 죽음에서 드러난 비장한 사랑이다. 그가 서술하는 사랑에 우리 자신을 대입하면 어느 것 하나도 충족하기 어려울 만큼 가장 순수하고 완벽한 형태의 사랑이기에 고린도전서 13장을 연애편지에 인용하거나 결혼식이나 추도식에 읊조리는 것은 이 사랑의 심도를 잘 모르기 때문일 것이다.

바울은 사랑 없이 하는 일체의 행위가 무익하다고 주장한다. 사랑 없이 하는 천사의 말은 울리는 징이나 요란한 꽹과리에 불과하다. '빈 깡통'처럼 공허한 소음에 지나지 않는다. 사랑 없는 예언, 사랑 없는 지식, 사랑 없는 믿음, 모두 아무것도 아니다. 산을 옮길만한 믿음(막 11:22-24; 마 17:20)이 있어도 아무것도 아니다. 사랑 없는 구제, 사랑 없는 희생, 사랑 없는 순교도 아무 유익이 없다. 사랑 없이 하는 구제는 자신의 선행을 과시하고 사람들의 인정과 칭찬을 받으려는 행위로 변질될 수 있다. 순교조차도 사랑 없이 할 때 무모함이 될 수 있다.

### 사랑의 본질

바울이 고린도전서 13:4-7에서 제시한 "사랑의 본질"은 인간이 반복적으로 노력해서 습득하는 자연 덕이 아니다. 이 '아가페'(ἀγάπη) 사랑은 하나님이 그리스도를 통해 보여주신 사랑이기에 인공 덕이 아니라 하나님이 선물로 베푸시는 초자연적 덕이다. 바울이 기술하는 열다섯 가지 사랑의 속성을 우리 힘으로 실천하기에는 역부족이다. 결심과 노력만으로 달성할 수 없는 사랑이다. 먼저 하나님의 사랑이 우리 심령에 쏟아부어져 주입된 덕으로 승화될 때만 실천할 수 있는 사랑이다.

사랑이 우리 삶에서 '필수 불가결한 요소'(sine qua non)라고 한다면, 사랑은 어떻게 해야 하는 것일까? 덕으로서의 사랑이 순간적 쾌락이나 손익 계산에 따른 오락가락하는 감정으로서가 아니라, 인격에 뿌리박혀 언제 어디에서나 자연스레 흘러나오는 성품과 기질이라면, 그런 사랑은 어떻게 가능할까?

바울은 사랑을 인격화하고 15개의 헬라어 동사를 연속적으로 사용해서 사랑의 본질을 기술한다.

먼저 사랑의 근본 속성 두 가지를 긍정문 형태로 소개한다.

사랑은 "오래 참고", "온유(친절)하다." 그리스도를 통해 계시된 하나님 사랑의 제일가는 특징은 '오래 참음'과 '온유함'에 있다. 창세 이래 인간이 헤아릴 수 없이 많은 죄악을 반복해서 저질러도 지구가 멀쩡하게 굴러가는 것은 하나님의 오래 참으시는 사랑 때문이다. 우리가 하나님 자리에 앉았더라면, 수천수만 번도 더 멸망했을 것이다.

누가복음 13:6-9에서 예수님이 들려주시는 "열매 맺지 못하는 무화과나무"가 하나님의 오래 참으시는 사랑을 잘 예시한다.

3년이라는 충분한 시간이 주어졌어도 하나의 열매도 맺지 못하는 무화과나무를 과수원 주인은 과원 지기에게 도끼로 찍어버리라고 명령한다. 꽃을 피우지 않기에 '관상용'이 아니라 '과실용' 과수인 무화과나무는 열매를 맺지 않으면 아무짝에도 쓸모가 없다. 쓸데없이 땅만 차지하며 다른 나무의 영양분까지 빼앗기에 주인의 명령은 추상과 같이 매섭다. 그런데 과원 지기는 무화과나무를 두둔하고 변호한다. 1년만 더 기다려준다면 거름을 주어서라도 열매를 맺게 하겠다고 나선다.

하나님의 두 근본 속성은 '공의와 심판', '사랑과 용서'
다. '도끼'는 전자를, '거름'은 후자를 상징한다. 하나님의
공의가 충족되지 않으면 도끼로 나무뿌리를 찍어내듯
심판이 임한다. 도끼로 내리쳐 정의를 회복하면 일순간
통쾌하다. 속이 후련하다. 그러나 거름을 주는 것은 번거
롭다. 더럽고 냄새나는 거름을 주는 것은 불편하다. 도끼
로 쳐내듯이 당장 속시원한 효과도 없다. 그러나 거름에
는 생명을 살리는 효소가 있다. 참고 기다리면 언젠가
열매가 열릴 날이 온다.

어머니는 개망나니와 같이 아무짝에도 쓸모없는 자
식을 포기하지 않는다. 언젠가 개과천선改過遷善할 날이 올
것을 믿고, 참고 또 참고 기다리고 또 기다린다. 비유에서
과원 지기는 하나님과 우리 사이의 중보자이신 예수님을
말한다. 예수님을 통해 드러난 하나님 사랑의 제일가는
특징이 '오래 참음'에 있기에 바울 역시 오래 참는 것을
제일 먼저 언급했을 것이다.

바울은 나중에(13:7) 더 이상 지면을 낭비하지 않고
한꺼번에 사랑의 총괄 속성을 요약하고자 '모든'(πάντα/판-

타/all)이라는 형용사를 활용한다. 사랑은 "모든 것을 참고", "모든 것을 믿고", "모든 것을 바라고", "모든 것을 견뎌낸다." 스타카토 형식으로 사랑의 본질을 집약한 네 구절도 '참는 것'으로 시작해서, '견디는 것'으로 끝난다. 전체적으로 열다섯 가지 속성 기술에서도 '오래 참는 것'으로 시작해서 '모든 것을 견디는 것'(끈기/perseverance)으로 끝나는데, 이 네 가지에도 '참는 것'이 수미상관을 이룬다. 사랑의 가장 중요한 속성이 '오래 참는' 데 있음을 보여준다. 그 옛날 사랑하는 애인이 군에 갔을 때 기나긴 세월을 참아내는 여인이 있었다. 사랑하기 때문에 참고 기다릴 수 있었던 것이다. 죽음이 인내의 최종 마지노선(Maginot Line)이라고 한다면, 순교까지도 참아내는 것이 사랑이다.

바울은 사랑의 근본 속성을 둘을 기술한 뒤, 부정문 형태로 나머지 속성을 설명한다. '부정의 신학'(via neg-ativia)이 하나님이 어떤 분이신지를 더 잘 설명한다.

"하나님은 인간이 아니다." "하나님은 시간과 공간에 매이지 않는다." 하나님이 아닌 것을 말할 때 하나님이 어떤 분인지를 더 잘 알 수 있듯이, 사랑이 아닌 것을 짚어보면 사랑을 더 잘 알 수 있는 법이다.

사랑은 시기하지 않는다. 자랑하지(뽐내지) 않고, 교만하지 않고, 무례하지 않다. 자기의 유익을 구하지 않는다. 성을 내지 않는다. 원한을 품지 않는다. 사랑은 불의를 기뻐하지 않고, 진리와 함께 기뻐한다.

여덟 번째와 아홉 번째는 부정형과 긍정형이 대칭을 이룬다. 당연히 사랑은 불의를 기뻐하지 않는다. 사랑은 아무거나 무턱대고 좋다 하고 기뻐하는 태도가 아니다. '사랑'이라는 미명하에 불의를 눈감아주는 것은 사랑이 아니다. 자신의 편리와 이득에 따라 불의에 눈과 귀를 감는 것은 사랑이 아니다. 사랑하기에 불의를 고발하고 시정한다. 그러기에 '정의 구현'은 사랑의 필연적 결과다.

흥미로운 것은 사랑은 불의를 기뻐하지 않고, "진리와 함께 기뻐한다"는 사실이다. '불의'와 대칭을 이루려면 '정의'와 함께 기뻐한다고 서술해야 할 텐데, 그렇지 않다. 진리를 짝으로 세운다. 진리를 분별하는 안목과 판단력이 훨씬 더 중요하기 때문일 것이다. 진리를 알아야지만 불의에 빠지지 않고 정의를 실천할 수 있기에 '진리'라는 훨씬 더 크고 중요한 범주를 언급한 것이다.

바울이 조목조목 제시한 사랑의 열다섯 가지 속성은 우리의 본성이나 자질이나 노력으로 실천할 수 있는 영역이 아니다. 사추덕과 같은 자연 덕을 습성화해서 배양하듯이 인위적 수고로 얻을 수 있는 덕이 아니라, 십자가에 달리신 예수님의 영과 은혜가 우리 안에 들어와 사랑의 불길이 확 타올라 착화될 때만 할 수 있는 '은총의 선물이자 요구'(the gift and demand of love)로서의 사랑이다.

"사랑의 찬가"로 유명한 고린도전서 13:8-13은 '사랑의 불멸성'을 노래한다. 아름다운 서정체로 된 일련의 대조법을 통해서 사랑의 절대성과 영원성을 강조한다. 사랑 이외의 모든 것은 지금 여기에서 현세적으로만 필요할 뿐이지만, 사랑은 지상에서뿐만 아니라 예수님이 재림하셔서 하나님의 나라가 완성될 그때도 여전히 유효한 가치라는 것이다.

바울은 먼저 고린도 교인들이 높이 평가한 세 가지 은사, 즉 방언과 예언과 지식의 '일시성'(temporality)과

'부분성'(partiality)을 강조한다. 그런 은사들 자체가 해롭거나 열등하기 때문이 아니다. 그렇다면 바울이 "신령한 은사를 사모하라"(12:31; 14:39)고 권면한 것은 모순일 것이다. 은사는 고린도 교인들이 현재 신앙 생활할 때 나름 적절한 기능과 역할을 하기에 필요하지만, 사랑보다 온전하지 않고 오래가지 않기에 사랑에 앞설 수 없다는 것이 요점이다.

예언과 방언과 지식과 같은 은사는 '시간들 사이'(between times), 즉 예수님의 '초림'과 '재림' 사이의 중간기에만 필요할 뿐 영원하지 않다. 그러나 사랑은 재림 이후에도 떨어지지 않는다. "하나님이 사랑"이라면(요일 4:8, 16), 하나님이 사라지시지 않는 한 사랑도 영원할 것이다. 그러기에 하나님의 나라가 완성되면 사라지고 말 일시적 은사에 과도하게 집착해서 그것을 절대적이고 영원한 것으로 착각하지 말아야 한다.

은사의 '일시성'과 '부분성' 대(對/vs.) 사랑의 '영원성'과 '전체성'은 11-12절에서 한 폭의 그림처럼 아름답게 펼쳐진다.

| 은사의 일시성과 부분성 Vs. 사랑의 영원성과 전체성 | |
|---|---|
| '어린아이'와 '어른'의 비유(11절) | 내가 어렸을 때에는 말하는 것이 어린아이와 같고 깨닫는 것이 어린아이와 같고 생각하는 것이 어린아이와 같다가 장성한 사람이 되어서는 어린아이의 일을 버렸노라. |
| '거울'과 '실물'의 비유(12절) | 우리가 지금은 거울로 보는 것 같이 희미하나 그때에는 얼굴과 얼굴을 대하여 볼 것이요 지금은 내가 부분적으로 아나 그때에는 주께서 나를 아신 것 같이 내가 온전히 알리라. |

어린아이가 키와 지혜가 자라나 어른이 되면 어린아이 때의 유치한 생각이나 경솔한 행동은 사라진다. 어른이 되어서도 철들지 않고 미숙하게 사는 사람도 적지 않지만, 유년기가 지나면 성년기가 온다는 사실은 피할 수 없다. 바울은 '어린아이'와 '어른'의 대립 구도를 '미숙'과 '성숙'의 대립으로 해석하지 않는다. "미숙한 어린이가 어른이 되면 성숙해진다"는 사실이 초점이 아니다. '은사의 일시성과 부분성'을 '사랑의 영원성과 절대성'과 대비시키고자 '유아기'와 '성년기'를 대조한다. 유년기의 언어 소통방식과 인식, 사고 행동 등등은 성인이 되면 끝난다.

예언이나 방언이나 지식과 같은 신령한 은사도 유년기와 같은 지금 여기에서(현재) 한시적으로 필요할 뿐, 성년기의 종말의 날이 오면 사라지고 말 것이다.

두 번째로 '거울과 실물의 비유'는 훨씬 더 강력한 이미지로 바울의 요점을 생생하게 전달한다. 당시 고린도에는 청동 거울을 제조하는 공장이 있었기에 '거울 비유'는 고린도 교인들에게 피부로 와닿는 생생한 비유였을 것이다. 당대의 제작 시설이나 기술로 볼 때 그때의 거울은 현대의 거울과는 비교할 수 없을 정도로 성능과 선명도가 심각하게 떨어졌을 것이다. 그러나 바울이 강조하려는 요점은 '거울'이라는 기구 자체의 성능이나 선명도가 아니다. '거울로 보는 것'(간접성)과 '실물로 보는 것'(직접성)의 차이점이 초점이다. 그때나 오늘이나 '거울로 보는 것'은 '실물을 직접 보는 것'만 못하다. 거울로 보는 것은 실물을 반사해서 상(像)을 보는 것이기에 '간접적'이지만, 얼굴과 얼굴을 맞대고 보는 것은 '직접적'이다. 사진이 아무리 잘 나와도 사진에 입을 맞추는 것과 실물에 입을 맞추는 것 사이에는 큰 차이가 있다. 아무리 맛있는 음식일지라도 그림으로 보고 입맛을 다시는 것과 직접 먹는 행위에는 차이가 있다.

고린도인들이 자랑하는 예언과 방언과 지식과 같은 은사는 실물 그 자체가 아닌, '실물이 거울에 반사된 상像' 을 보는 것에 지나지 않는다. 얼굴과 얼굴을 맞대고 실물 을 직접 보는 것에 비하면 희미하다. 그리하여 지금은 예언이나 방언이나 지식과 같은 '은사라는 거울'에 비친 하나님의 모습을 간접적으로 희미하게 보지만, 주님이 재림하실 그때에는 얼굴과 얼굴을 맞대고 하나님을 직접 보듯이(민 12:6-8) 선명히 보게 될 것이다. 그날이 도래해 모든 것을 선명하게 보기 전까지 세상 만사는 폴 틸리히 (Paul Tillich, 1886~1965)가 말하는 그대로 '모호성'(ambi- guity)을 피할 수 없다. 얼굴과 얼굴을 맞대고 보듯이 주님 을 직접 보게 될 때, 내가 "하나님에 의해 온전히 알려지듯 이"(as I have been fully known), 즉 "하나님께서 나를 온전 히 아신 것처럼" 나도 하나님을 온전히 알게 될 것이다(갈 4:9).

바울이 말하는 두 가지 시간 부사를 주목해야 한다.

'지금'(ἄρτι/아르티/now) 과 '그러나 그때에는'(τότε δὲ/토테 데/but then) 이다. 지금은 우리가 각양 은사나 각양 은혜의 수단과 성경과 설교와 간증 등등을 통해 '거울에 비친 하나님의 형상'을 보듯이 부분적으로 희미하게 보지만, 그때에는 얼굴과 얼굴을 맞대고 하나님의 실체와 전모를 확연히 보게 될 것이다. 그러므로 그리스도인은 '하늘'과 '땅'이라는 공간의 차이뿐만 아니라, '지금'과 '그때'(종말) 라는 시간의 차이에도 주의를 기울여야 한다. 종말론적 시각으로 오늘 진행되는 사건을 바라보고 해석해야 한다.

사랑 장의 결론이자 절정은 13절이다.

그런즉 믿음, 소망, 사랑, 이 세 가지는 항상 있을 것인데 그 중의 제일은 사랑이라.

우리말 성경은 헬라어 원문에도 없고 영어 성경에도 없는 부사 '항상'을 넣었는데, 조심해야 한다. '항상'이 다른 은사는 일시적인 데 반해서, 신망애, 이 셋은 "언제까지나 영원하다"는 뜻으로 해석될 소지가 있기 때문이다. 믿음과 소망과 사랑도 종말론적 관점에서 해석되어야 한다. 믿음과 소망과 사랑도 주님이 오실 때까지만 한시적으로 필요하다.

그런데도 바울은 왜 "그 중의 제일은 사랑"이라고 주장할까?

믿음은 주님이 다시 오실 때 믿은 것이 실현되므로 소멸된다. 소망도 그토록 바란 것이 이루어지면 필요가 없다. 사랑 하나만 오롯이 지상에서나 천상에서나 지금이나 그때나 여전히 폐하지 않는 마지막 가치가 된다. 그러므로 그리스도인의 신앙생활과 일상생활 전체를 판단하고 평가하는 궁극 기준은 '사랑'이어야 한다. 언제 어디에서 무슨 일을 하든지 '사랑의 동기'로 그 일을 하는지를 반문해야 한다.

사랑이 들뜬 기분이나 황홀한 감정이 아니라, 인격에 굳건히 뿌리를 내린 '덕성'(virtue)이라고 한다면, 모든 덕이 습성화 과정을 통한 '지속성'을 특징으로 삼듯이 사랑 역시 매 순간 사랑하기를 다짐하고 사랑하기를 반복

적으로 실천해서 견고하고 지속적인 성향으로 자리를
잡게 해야 마땅하다. 사랑뿐만 아니라 믿음과 소망에도
배우고 가르치는 학습 과정과 꾸준한 반복 훈련이 필요하
다. 무엇보다도 사랑의 절대적 요구 앞에 겸손해야 하고,
사랑이 부족한 것 하나를 내내 안타까워해야 한다.

# 참고문헌

매킨타이어, 알래스데어/이진우 역.『덕의 상실』. 서울: 문예출판사,
　　2018.

브룩스, 데이비드/김희정 역.『인간의 품격』. 서울: 부키, 2022.

셀리그만, 마틴/김인자 우문식 역.『마틴 셀리그만의 긍정 심리학』.
　　서울: 도서출판 물푸레, 2020.

아리스토텔레스/박문재 역.『니코마코스 윤리학』. 서울: 현대지성,
　　2022.

장동익.『덕 이론: 그 응용 윤리적 전망』. 서울: 도서출판 씨아이알,
　　2019.

최현석.『인간의 모든 성격』. 서울: 서해문집, 2018.

하우어워스, 스탠리/홍종락 역.『덕과 성품』. 서울: IVP, 2019.


Aristotle. *Nicomachean Ethics*. Trans. by Joe Sachs.
　　Indianapolis, IN: Focus Publishing, 2002.

Bocala, Henry. *Cardinal Virtues in Focus: Why It Matters to
　　Think & Act Well*. New York: Scepter Publishers, INC.
　　2022.

Boyd, Craig A. & Timpe, Kevin. *The Virtues: A Very Short
　　Introduction*. Oxford: Oxford University Press, 2021.

Budziszewski, J. *Commentary on Thomas Aquinas's Virtue Ethics.* Cambridge: Cambridge University Press, 2017.

Clifton-Soderstrom, Karl. *The Cardinal and the Deadly: Reimagining the Seven Virtues and Seven Vices.* Eugene, OR: Cascade Books, 2015.

Dernlan, Dr. Timothy. *Classical Christian Virtues: Contemplating the Good Life.* Philadelphia, PA: Titus Books, 2020.

Guardini, Romano. *Learning the Virtues that Lead you to God.* Manchester, NH: Sophia Institute Press, 1987.

Hauerwas, Stanley. *A Community of Character: Toward a Constructive Christian Social Ethic.* Notre Dame: University of Notre Dame Press, 1981.

Kerr, Fergus. *Thomas Aquinas: A Very Short Introduction.* Oxford: Oxford University Press, 2009.

Klaiber, Walter. *Auf die Liebe Kommt es an: Eine Auslegung von 1. Korinther 13.* Gummersbach: Bibellesebund Verlag, 2016.

Lancaster, Sarah H. *The Pursuit of Happiness: Blessing and Fulfillment in Christian Faith.* Eugene, OR: Wipf & Stock, 2011.

Lewis, C. S. *Mere Christianity.* New York, NY: A Touchstone Book, 1996.

Lovin, Robin W. *An Introduction to Christian Ethics*. Nashville: Abingdon Press, 2011.

_____. *Christian Ethics: An Essential Guide*. Nashville: Abingdon Press, 2000.

Muto, Susan. *Virtues: Your Christian Legacy*. Steubenville, OH: Emmaus Road Publishing, 2014.

O'Keefe, Mark OSB. *Virtues Abounding: St. Thomas Aquinas on the Cardinal and Related Virtues for Today*. Eugene, OR: Cascade Books, 2019.

Peterson, Christopher & Seligman, Martin. *Character Strengths and Virtues: Handbook and Classification*. Oxford: Oxford University Press, 2004.

Porter, Jean. *The Recovery of Virtue: The Relevance of Aquinas for Christian Ethics*. Louisville, KY: Westminster/John Knox Press, 1990.

_____. *Justice as a Virtue: A Thomistic Perspective*. Grand Rapids, MI: William E. Eerdmans Publishing Company: 2016.

Roberts, Robert C. *Recovering Christian Character: The Psychological Wisdom of Søren Kierkegaard*. Grand Rapids, MI: Wm. E. Eerdmans Publishing Co., 2022.

Vainio, Olli-Pekka. *Virtue: An Introduction to Theory and Practice*. Eugene, OR: Cascade Books, 2016.